Hanssmann

Unternehmensforschung

Universitätsseminar der Wirtschaft

USW-Schriften für Führungskräfte

Herausgeber:

Prof. Dr. H. Albach, Prof. Dr. W. Busse von Colbe, Dr. L. Vaubel

Band 5

Professor Dr. Friedrich Hanssmann

Unternehmensforschung

Hilfsmittel moderner Unternehmensführung

Betriebswirtschaftlicher Verlag Dr. Th. Gabler · Wiesbaden

ISBN 3 409 87351 1

Geleitwort

In den vom Universitätsseminar der Wirtschaft veranstalteten 10-Wochen-Seminaren für Führungskräfte aus Wirtschaft und Verwaltung nimmt die Verwendung von quantitativen Methoden zur Lösung komplexer Entscheidungsprobleme, die den Teilnehmer vor allem in Form von Fallstudien vorgelegt werden, einen breiten Raum ein. Band 5 der USW-Schriften für Führungskräfte gewährt einen Überblick über die wichtigsten Problembereiche, in denen in der Praxis die quantitativen Methoden der Unternehmensforschung mit Erfolg angewendet werden. Die Schrift ist zugleich als Vorbereitungslektüre für die Teilnehmer an den 10-Wochen-Seminaren des USW gedacht. Sie wendet sich an Führungskräfte, die über den Einsatz von Verfahren der Unternehmensforschung zu entscheiden haben und für deren unternehmerische Entscheidungen die Ergebnisse von solchen Untersuchungen nützlich sein können. Der Autor wirbt mit seinen Ausführungen darum, die vor allem in den USA erprobten Instrumente der Unternehmensforschung auch in Deutschland zum Nutzen der Unternehmen und der Gesamtwirtschaft stärker als bisher einzusetzen. Aus seiner Tätigkeit als Unternehmensberater in den USA kann Friedrich Hanssmann auf eigene praktische Erfahrungen zurückgreifen. Der Autor ist Mitglied des Erweiterten Vorstandes des USW. Die Herausgeber danken ihm dafür, daß er die Schrift für die Arbeit im USW verfaßt hat.

Horst Albach *Walther Busse von Colbe*

Vorwort

Das Universitätsseminar der Wirtschaft ist seit seinen Anfängen bemüht, Führungskräften aus Wirtschaft und Verwaltung praxisrelevante Wissenschaft zu vermitteln. Ein Musterbeispiel praxisrelevanter Wissenschaft ist die junge Disziplin der Unternehmensforschung (Operations Research). Selbst aus der Praxis komplexer Führungsentscheidungen im zweiten Weltkrieg geboren, hat sie sich seitdem besonders in den angelsächsischen Ländern zu einem wichtigen und weitverbreiteten Hilfsmittel des modernen Managements entwickelt. Im deutschsprachigen Raum hat sie bisher keine vergleichbare Verbreitung gefunden und ihr volles Potential nicht erreicht.

Ziel dieses vorliegenden Buches ist es, interessierten Führungskräften ein Rüstzeug für den fruchtbaren Einsatz der Unternehmensforschung an die Hand zu geben. Für die Praxis ist es zunächst wesentlich, wie sich die Unternehmensforschung in ihrem Ansatz von weiten Gebieten der herkömmlichen Wirtschaftswissenschaften unterscheidet: Sie ist nicht um verallgemeinernde, „typische“ oder gar stark abstrahierte Aussagen bemüht, sondern macht konkrete und spezifische Entscheidungssituationen zu ihrem Forschungsgegenstand mit dem Ziel, bei der jeweiligen Entscheidungsfindung behilflich zu sein. Lediglich ihrem methodischen Ansatz kommt Allgemeingültigkeit zu: In jeder konkreten Situation werden die existierenden Entscheidungsalternativen möglichst genau und vollständig erforscht und ihre Konsequenzen mit Hilfe geeigneter Wirksamkeitsmaße möglichst genau und vollständig vorausbestimmt. Die ursprünglich naturwissenschaftliche Verfahrensweise der empirischen Beobachtung, Messung und daraus resultierenden Modellierung komplexer Systeme bildet den festen Grundstock der Forschungsmethode. Da ein Verständnis dieser Charakteristika der Unternehmensforschung für ihren praktischen Einsatz wesentlich ist, ist ihnen der erste Teil der vorliegenden Abhandlung gewidmet.

Erst anschließend wird zu den praktischen Anwendungsmöglichkeiten übergegangen. Obwohl hauptsächlich von industriellen Anwendungen in Produktion, Lagerhaltung und Distribution, Vertrieb, Forschung und Entwicklung, Investition und Finanzierung die Rede ist, sollen damit zahlreiche andere bewährte oder in der Entwicklung begriffene Anwendungsgebiete nicht herabgemindert werden. Einerseits wären viele Probleme der öffentlichen Verwaltung auf zivilen und militärischen Sektoren zu nennen, andererseits die unternehmerische Gesamt- und Langfristplanung, die über die Probleme des Umweltschutzes zunehmend mit den Fragen des öffentlichen Interesses verflochten wird. So haben gerade unternehmerische Langfristplanung und Umweltschutz in jüngster Zeit das besondere Interesse der Unternehmensforschung gefunden. Die vorwiegend betriebswirtschaftliche

Auswahl der hier besprochenen Anwendungsmöglichkeiten und Resultate entspricht dem vorwiegenden Interesse der USW-Kursteilnehmer.

Das Buch schließt mit einer kurzen Erörterung der Personal- und Organisationsprobleme, ohne deren sachgemäße Lösung die im vorausgehenden Hauptteil geschilderten günstigen Resultate der Unternehmensforschung nicht erwartet werden können.

Unternehmensforschung ist Stabsarbeit. Der Verfasser hofft daher, daß das Buch nicht nur für verantwortliche Führungskräfte in Linienfunktionen, die die Unternehmensforschung einzusetzen wünschen, von Nutzen ist, sondern auch für praktizierende Unternehmensforscher in Stabsstellen und Studierende der Wirtschaftswissenschaften und anderer Disziplinen, die daran interessiert sind, die Brücke zwischen wissenschaftlicher Ausbildung und praxisrelevanter Anwendung im Managementbereich zu schlagen.

Friedrich Hanssmann

Inhaltsverzeichnis

I. Einleitung

Von einem deutlichen Vordringen der Unternehmensforschung (anglo-amerikanische Bezeichnung: Operations Research [OR]) in der amerikanischen Industrie kann man seit Anfang der 50er Jahre sprechen. Nach einer dynamischen Entwicklung von nunmehr fast zwei Jahrzehnten hat sich diese neue Forschungsmethode einen hervorragenden Platz unter den Hilfsmitteln der amerikanischen Unternehmensführung erobert. Sie gehört heute zweifellos zu den wichtigsten Entscheidungshilfen des modernen Managements. Die amerikanische Fachgesellschaft für Operations Research zählte Ende der 60er Jahre etwa 8000 Mitglieder. Nach einer groben Schätzung befanden sich aber über 30 000 Personen in den Vereinigten Staaten in Stellungen, die mindestens zum Teil eine Tätigkeit von der Art der Unternehmensforschung erfordern. Der überwiegende Teil dieser Spezialisten ist in der Industrie beschäftigt. Eine beträchtliche Zahl arbeitet aber auch auf dem Gebiet der militärischen Unternehmensforschung, die ja den historisch ältesten Zweig der neuen Forschungsmethode darstellt. Aus ihren Anfängen im zweiten Weltkrieg hat sie sich in jüngster Zeit zu einem hervorragenden Instrument der Verteidigungsplanung auf höchster Ebene entwickelt. Schon seit vielen Jahren wurde unter den Bezeichnungen „systems analysis“ und „cost-effectiveness“ Hervorragendes geleistet. Es war aber Männern wie C. Hitch und seinen Mitarbeitern vorbehalten, Operations Research in der Form des mittlerweile berühmt gewordenen Planning-Programming-Budgeting-Systems auf höchster Ebene in den Planungsapparat des Verteidigungsministeriums zu integrieren. Das Planning-Programming-Budgeting-System hat sich als Planungs- und Führungsinstrument derart bewährt, daß Präsident Johnson seine Ausdehnung auf verschiedene zivile Bereiche der Regierungstätigkeit anordnete. Nur am Rande soll erwähnt werden, daß die Unternehmensforschung auch auf vielen anderen Gebieten außerhalb der privaten Wirtschaft, so etwa in der Krankenhausverwaltung, Verkehrsplanung, Bildungsplanung und vielen anderen Bereichen der öffentlichen Verwaltung auf kommunaler und höherer Ebene, im raschen Vordringen begriffen ist. Kurz, sie ist überall da zu finden, wo wir es mit komplexen modernen Organisationen und den ihnen gestellten komplexen Entscheidungsproblemen zu tun haben, die die reine Institution auch des Tüchtigsten in steigendem Maße überfordern.

Doch kehren wir zur privaten Wirtschaft zurück. Nach einschlägigen Berichten wurde die Unternehmensforschung schon Anfang der 60er Jahre von mehr als einem Drittel der 500 größten amerikanischen Firmen benutzt, die alljährlich in dem bekannten Fortune-Artikel aufgeführt werden. Der Prozentsatz dürfte heute erheblich höher sein. Diese Firmen haben in der Regel ihre eigenen OR-Gruppen und Spezialisten. Darüber hinaus halten sie sich aber durch rege Zusammenarbeit mit Stellen außerhalb der Firmen auf dem neuesten Stand. Hierzu steht eine ganze Reihe von ausgezeichneten, wissenschaftlich kompetenten Beratungsfirmen zur Verfügung. Vor allem aber wäre die überaus fruchtbare aktive Zusammenarbeit von Industrie und Universität an konkreten Projekten hervorzuheben. Die amerikanischen Universitäten liegen infolge einer intensiven praxisnahen Forschung an der Spitze der Entwicklung. Darin dürfte die wichtigste Ursache für den raschen Aufschwung der Unternehmensforschung in der Industrie zu sehen sein. Durch die gegenseitige Aufgeschlossenheit von Industrie und Universität, die sich eben in gemeinsamen Projekten manifestiert, werden beide Partner in hervorragender Weise gefördert.

Der Verfasser hatte vor kurzem Gelegenheit, durch eine Reise nach den Vereinigten Staaten seine Eindrücke aus früherer langjähriger Praxis in der dortigen Industrie zu vertiefen. Die Gespräche mit amerikanischen Kollegen aus der Industrie und den Hochschulen haben gezeigt, daß die Entwicklung der Unternehmensforschung in der oben geschilderten Weise konsequent fortgeführt wird. Hierfür nur einige Streiflichter. Eine bekannte Firma erteilt einem führenden Universitätsinstitut für Operations Research alljährlich einen Forschungsauftrag in Höhe von etwa einer Viertelmillion Dollar. Der Auftrag wird in Form von Projekten abgewickelt, die jeweils aktuelle Entscheidungsvorbereitungen in der Firma betreffen. Als Beispiele seien das Standortproblem für fünf neu zu errichtende Werke und die Bemessung des Werbeaufwands genannt. Ein beredtes Zeugnis für den Erfolg ist, daß sich der Vorsitzende des Aufsichtsrats veranlaßt sah, im schriftlichen Jahresbericht 30 Millionen Gewinnsteigerung ausdrücklich der Unternehmensforschung zuzuschreiben. Eine andere Firma, die auf dem Chemie- und Treibstoffsektor tätig ist, hat dem gleichen Institut die langfristige Strukturplanung seines gesamten Vertriebsapparates anvertraut. Eine bekannte Ölfirma hat allein in der Zentrale eine OR-Stabsgruppe von etwa 30 Spezialisten. In den Divisionen arbeiten weitere Gruppen. Eine der zentralen Abteilungen befaßt sich ausschließlich mit OR-Projekten auf den Gebieten Produktion, Marketing und Exploration, die für die Gesamtfirma von Interesse sind. Auch in dieser industriellen Umwelt herrschen höchst erfreuliche Forschungsbedingungen vor. Das sehr gute Gehaltsniveau der amerikanischen Spezialisten ist weiter angestiegen, so daß die Tätigkeit von wissenschaftlichen Spitzenkräften auf dem Gebiet der Unternehmensforschung attraktiv ist. Selbstverständlich gibt es auch Probleme und Schwierigkeiten, aber aufs Ganze gesehen muß man dem Urteil eines bis vor kurzem amtierenden Präsidenten der Amerikanischen Gesellschaft für Operations Research zustimmen, daß die Unternehmensforschung in den USA die Anerkennung und Integration in den Managementprozeß erreicht habe.

Leider muß man ihm ebenso lebhaft beipflichten, wenn er fortfährt: „Außer den Vereinigten Staaten scheint die volle Verwirklichung dieser Ziele nur wenigen Ländern gelungen zu sein." Die Bundesrepublik gehört mit Sicherheit nicht zu ihnen. Die Deutsche Gesellschaft für Unternehmensforschung hat, auch relativ zur Bevölkerung, bedeutend weniger Mitglieder als die amerikanische Fachgesellschaft. Ihre Gründung erfolgte erst 1961, ein ganzes Jahrzehnt später als die der amerikanischen Schwestergesellschaft. In anderen europäischen Ländern wurden entsprechende Gesellschaften früher als in Deutschland gegründet.

Die in der Praxis tätigen Kräfte sind häufig mit recht untergeordneten Aufgaben beschäftigt. Ihre Qualifikation läßt nicht selten zu wünschen übrig. Die Unternehmensleitungen stehen häufig mit Unkenntnis und Reserve dem neuen Forschungsgebiet gegenüber. Die einschlägige akademische Forschung und Lehre ist weithin steril und zu theoretisch. Die so nötige Teamarbeit und Zusammenarbeit in den Firmen und über die Firmen hinaus funktioniert schlecht. Deutschsprachige Veröffentlichungen sind überwiegend Rekapitulationen und Variationen angelsächsischen Materials. Der seit den Anfängen der deutschen Unternehmensforschung spürbare Abstand von mehr als einem Jahrzehnt gegenüber der amerikanischen Entwicklung ist bisher nicht aufgeholt worden. Es ist fraglich, ob er sich überhaupt verringert hat.

Der Verfasser möchte mit dieser Schrift einen Beitrag zur Nutzbarmachung der Unternehmensforschung in der deutschen Industrie leisten. Ähnliche Erfolge wie auf der anderen Seite des Atlantik scheinen durchaus möglich, wenn auf seiten der Industrie gewisse Voraussetzungen geschaffen werden, an denen es bisher weithin gemangelt hat. Aufgabe der folgenden Ausführungen wird es sein, diese Voraussetzungen zu identifizieren und interessierten Führungskräften das Material zu ihrer Verwirklichung an die Hand zu geben. Die wichtigsten Erfordernisse für einen fruchtbaren Einsatz der Unternehmensforschung sind die folgenden:

① Unternehmensleitung und Führungskräfte müssen über ein gründliches *Verständnis der Unternehmensforschung* verfügen.

② Unternehmensleitung und Führungskräfte müssen die *praktischen Anwendungsmöglichkeiten* der Unternehmensforschung in der Industrie kennen.

③ Das *Personalproblem* muß richtig gelöst werden.

④ Die *organisatorische Eingliederung* der Unternehmensforschung im Unternehmen muß sachgemäß erfolgen.

Mit diesen vier Punkten ist zugleich das restliche Programm dieser Schrift umrissen, die als eine praktische Handreichung zur Verwirklichung dieser Erfordernisse verstanden sein will.

II. Ziele und Inhalt der Unternehmensforschung

1. Ziele der Unternehmensforschung

Wir beobachten im Laufe der Wirtschaftsgeschichte eine immer stärkere Auffächerung der ursprünglich in einer Hand liegenden Managementfunktion: zunächst in große funktionale Bereiche wie Produktion, Absatz, Finanzen, Personal, Forschung und Entwicklung und sehr bald darauf in weitere spezialisierte Tätigkeiten, nach geographischen Aspekten oder nach Produktgruppen. Auf Grund dieser Entwicklung stehen die Unternehmensleitungen vor immer schwierigeren Problemen der Koordination und Integration. Sie müssen im Sinne des Ganzen entscheiden und dabei nicht selten zwischen den Teilfunktionen bestehende Konflikte im Sinne einer Gesamtoptimalität überbrücken und lösen. Die Wissenschaft hatte lange Zeit hindurch zur Lösung dieser komplexen Gesamtprobleme nichts beizutragen. Dagegen waren für die spezialisierten Managementfunktionen wichtige wissenschaftliche Hilfsmittel entwickelt worden. Man denke z. B. an die Marktforschung im Absatzbereich, die technischen Disziplinen und das ganze Gebiet des Industrial Engineering in der Produktion und die Psychologie im Personalbereich. Dagegen fehlten wissenschaftliche Hilfsmittel zur Unterstützung der eigentlichen Funktion der Unternehmensleitung.

Die Unternehmensforschung will in diese Lücke springen. Sie unterscheidet sich damit grundsätzlich von den wissenschaftlichen Instrumenten in den Teilgebieten, wie sie von vielen Firmen bereits praktiziert und auch auf dem Beratungsmarkt angeboten werden. Selbstverständlich kann und will sie nicht mit diesen existierenden Verfahren konkurrieren; vielmehr will sie deren Ergebnisse und Möglichkeiten auf höherer Ebene integrieren.

Die Unternehmensforschung ist scharf von ihren Hilfsmitteln zu unterscheiden. Sie bedient sich gelegentlich intensiv der Mathematik und der elektronischen Datenverarbeitung. Sie ist aber deswegen weder ein Zweig der Mathematik noch der Datenverarbeitung. Das ist auch bei organisatorischen Lösungen zu beachten. Auch die Produktion ist heute generell ein intensiver Benutzer der Datenverarbeitung. Dennoch ist noch niemand darauf verfallen, die Produktion als Teilgebiet der Datenverarbeitung zu deklarieren.

Das *erste Merkmal* der Unternehmensforschung ist also die ganzheitliche Betrachtungsweise oder kurz der *Systemstandpunkt*. Gute Praktiker des Operations Research werden sich immer dagegen wehren, die Grenzen eines Problems von vornherein zu eng zu ziehen. Auch wenn das Problem seinem Hauptteil nach in ein bestimmtes funktionales Gebiet fällt oder zu fallen scheint, müssen systematisch alle Wechselwirkungen mit anderen Gebieten geklärt und berücksichtigt werden. Oft ergeben sich dabei auch überraschende Lösungmöglichkeiten, an die vorher niemand gedacht hat. Organisatorische Bereichsgrenzen müssen überschritten werden. Die Problemstellung muß so lange erweitert werden, bis alle wesentlichen Gesichtspunkte eingefangen sind. Es ist klar, daß die Unternehmensforschung hier auf die volle Unterstützung der Unternehmensleitung und eine entsprechend hohe organisatorische Eingliederung angewiesen ist.

Als *zweites Merkmal* der Unternehmensforschung ergibt sich zwanglos das *interdisziplinäre Team.* Entsprechend der Komplexität der ganzheitlichen Probleme sollte eine Mehrzahl von wissenschaftlichen Standpunkten und Betrachtungsweisen zur Geltung kommen. Mindestens sollten Wirtschaftswissenschaften, Technik und Mathematik vertreten sein.

Das *dritte* und wichtigste *Merkmal* ist die Anwendung der wissenschaftlichen Methode in der Form des *Modelldenkens.* Eine unternehmerische Entscheidung ist — wie jede Entscheidung überhaupt — ein Akt der Wahl aus den bestehenden Alternativen. Auch im Bereich der Intuition und Erfahrung wird der Unternehmer versuchen, die Folgen verschiedener Entscheidungsalternativen vorauszusehen. Die voraussehbaren Ergebnisse stellen für ihn eine wichtige Entscheidungsgrundlage dar. Die Unternehmensforschung will diesen Prozeß wissenschaftlich unterstützen: Es ist ihr Ziel, die Konsequenzen der Entscheidungsalternativen innerhalb der bestehenden Unsicherheitsgrenzen vorauszubestimmen. Das ideale Verfahren zur Durchführung dieses Vorhabens wäre vom wissenschaftlichen Standpunkt aus das Experiment. Als „Frage an die Natur" hat es von jeher in den Naturwissenschaften eine grundlegende Rolle gespielt. Leider scheidet die experimentelle Methode in der unternehmerischen Praxis aus, von wenigen Ausnahmen abgesehen. Es entsteht also das starke Bedürfnis nach einem Hilfsmittel, das dem Unternehmer die Möglichkeit des *Experimentierens mit Alternativen* zurückgibt, ohne daß das Geschehen in der Wirklichkeit gestört wird.

Dieses grundlegende Hilfsmittel der Unternehmensforschung ist das „Modell". Der Grundgedanke ist auch im wirtschaftlichen Geschehen nicht unbekannt: Bei Bauvorhaben oder bei Flugzeugkonstruktionen werden zunächst Modelle alternativer Lösungsmöglichkeiten z. B. in Form von Zeichnungen oder 1 : 100-Modellen entworfen, mit denen experimentiert wird. Auf Grund der experimentellen Resultate wird dann eine Alternative ausgewählt. Man kommt so zu einer gutfundierten Entscheidung. Hier handelt es sich um rein physische Modelle. Im Falle einer unternehmerischen Entscheidungssituation werden kompliziertere und abstraktere Modelle benötigt, die aber dem gleichen Zweck dienen. Solche Entscheidungsmodelle enthalten als Bestandteile alle Größen, die für die Entscheidung relevant sind, und verknüpfen sie miteinander so, wie es den wirklichen Zusammenhängen entspricht. Das kann z. B. durch ein größeres, aber noch relativ überschaubares System von mathematischen Gleichungen geschehen. Man spricht dann von einem *analytischen Modell.* Es kann aber auch nötig sein, den Ablauf des wirklichen Geschehens wegen seiner übergroßen Komplexität von Schritt zu Schritt (d. h. von Zeitelement zu Zeitelement) nachzukonstruieren. Das Geschehen wird sozusagen durchgespielt. Man spricht dann von einem *Simulationsmodell.* Die Vorausberechnung der interessierenden Entscheidungsergebnisse ist hier so aufwendig, daß elektronische Unterstützung in der Regel unerläßlich ist. Beide Arten von Modellen geben dem Wissenschaftler die Möglichkeit, mit Entscheidungsalternativen zu experimentieren.

Die Relevanz solcher Experimente hängt natürlich davon ab, wie gut das Modell die Wirklichkeit repräsentiert. In der Schaffung des Modells liegt also die besondere Verantwortung wie auch die eigentliche schöpferische Leistung des Unternehmensforschers beschlossen.

2. Die Struktur des Entscheidungsmodells

Wir können nun die Bestandteile eines Entscheidungsmodells etwas genauer ins Auge fassen. Da das Ziel ein bewertender Vergleich von Alternativen ist, bedarf es zunächst eines oder mehrerer Vergleichsmaßstäbe, in der Fachsprache auch *Entscheidungskriterien* genannt. Je nach Sachlage können Gewinn, Kosten, Marktanteil und viele andere Bewertungsgrößen oder — genauer — die der vorliegenden Entscheidung zuzuschreibenden *Änderungen* solcher Größen als Entscheidungskriterien dienen. Es können auch mehrere Kriterien simultan verwendet werden. Allerdings beschränkt sich die Unternehmensforschung — jedenfalls innerhalb ihrer Modelle — auf quantitative, d. h. meßbare Entscheidungskriterien. Das soll nicht heißen, daß nichtquantifizierbare Konsequenzen von Entscheidungen (sogenannte Imponderabilien) außer Betracht bleiben. Sie sollen vielmehr später vom verantwortlichen Entscheidungsträger mit in die Waagschale gelegt werden, nachdem die quantifizierbaren Konsequenzen alternativer Entscheidungen geklärt sind und gegen die Imponderabilien abgewogen werden können. Als nächster Schritt ist eine sorgfältige und vollständige Erfassung der möglichen *Entscheidungsalternativen* notwendig, sei es durch einfache Aufzählung und verbale Beschreibung, sei es durch Identifizierung von „Entscheidungsvariablen“, die der Unternehmer durch seine Entscheidung fixieren kann. Im letzteren Falle entsteht durch die vielen Kombinationsmöglichkeiten der Entscheidungsvariablen eine praktisch unendliche Zahl von Alternativen, die also nicht mehr aufgezählt werden können. Hier ist eine summarische mathematische Beschreibung des Entscheidungsspielraumes vonnöten, die oft durch entsprechende „Restriktionen“ der Variablen gegeben wird. Aber selbst wenn man sich auf die Alternativen und die Entscheidungskriterien geeinigt hat, bleibt die vergleichende Bewertung ein schwieriges Problem. Die Folgen einer Entscheidung liegen immer in der Zukunft. Folglich ist die Bewertung einer Alternative notwendig eine Voraussage. Nun weiß jedermann, daß wir Voraussagen von Konsequenzen nicht mit Sicherheit machen können. Doch wir können weder praktisch noch theoretisch vor dieser Schwierigkeit kapitulieren. Die Unsicherheit der Bewertung geht zum großen Teil darauf zurück, daß das Ergebnis einer Entscheidung nicht nur von der gewählten Alternative selbst, sondern auch von vielen *Umweltfaktoren* abhängt, die dem Einfluß des Entscheidenden nicht unterliegen. In mathematischer Symbolik können wir schreiben

$$E = f(X, Y) \tag{1}$$

d. h., das Ergebnis, gemessen mit Hilfe des Entscheidungskriteriums E, ist eine Funktion der gewählten Entscheidungsalternative X sowie der mitwirkenden Umweltkonstellation Y, deren Voraussage erheblicher Unsicherheit unterliegen kann. Diese Unsicherheit sollte durch Prognosen der Umweltfaktoren möglichst weitgehend eingeschränkt werden. Sie kann aber nie ganz eliminiert werden, und die verbleibende Unsicherheitsspanne kann beträchtlich sein. Mit der vorstehenden Formulierung ist ausdrücklich anerkannt, daß es eine strenge Vorausberechnung nicht gibt. Dagegen wird für jede spezielle Annahme bezüglich der Umwelt Y das Ergebnis jeder Entscheidungsalternative X berechenbar.

Die *Rechenvorschrift,* d. h. die funktionale Beziehung f, wird in der Fachsprache als das Modell bezeichnet, weil sie den der Wirklichkeit entsprechenden Zusammenhang zwischen Entscheidungsalternativen und Umweltfaktoren einerseits und dem Entscheidungsergebnis andererseits nachbildet. Angesichts der bestehenden Unsicherheiten muß man sich darauf beschränken, die Ergebnisse für verschiedene mögliche Umweltkonstellationen Y zu berechnen. Diese werden dann zweckmäßig in einer Tabelle dargestellt, deren Vorspalte die Entscheidungsalternativen und deren Kopfzeile die Umweltalternativen angibt (vgl. Tabelle 1). Die Tabelle selbst enthält das jeweilige Entscheidungsergebnis, ausgedrückt mit Hilfe eines oder mehrerer Entscheidungskriterien.

Tab. 1: Ergebnistabelle für Kriterium E

Umweltkonstellationen / Entscheidungsalternativen	. . . Y . . .
⋮ X ⋮	⋮ . . . E(X, Y) . . . ⋮

Die eigentliche Kunst bei der Aufstellung einer solchen Tabelle besteht also darin, eine geschickte und sinnvolle Wahl von Entscheidungskriterien zu trefffen, sich auf die relevanten Entscheidungsalternativen und Umweltmöglichkeiten zu einigen und schließlich diese Größen durch eine gültige Modellbeziehung zu verknüpfen. Die Gültigkeit des konstruierten Modells (Rechenvorschrift) ist in jedem konkreten Fall nachzuweisen. Diese entscheidende schöpferische Arbeit, die auch die oft sehr zeitraubende Datenerhebung einschließt, kann erfolgreich nur von einer eigenständigen Operations-Research-Gruppe geleistet werden, die von der Datenverarbeitung scharf getrennt zu sehen ist. Alles übrige ist mehr oder weniger mechanische Rechenarbeit, selbst wenn sie elektronisch ausgeführt wird. Für die untergeordnete Hilfsrolle der Datenverarbeitung sind etwa 5 % des Aufwands anzusetzen.

3. Das Transportproblem als Beispiel für ein Modell

Das abstrakte Konzept des Entscheidungsmodells soll mit Hilfe des klassischen „Transportproblems“ erläutert werden. Ein Unternehmen möge in drei verschiedenen Werken ein einheitliches Erzeugnis herstellen, das an 100 geographisch verteilte Verbrauchszentren geliefert werden soll. Wir bezeichnen die Werke mit $i = 1, \ldots, 3$ und die Verbrauchszentren mit $j = 1, \ldots, 100$. Die jährliche Produktion p_i jedes Werkes möge bereits fest geplant sein, und der Bedarf b_j jedes Verbrauchszentrums sei prognostiziert worden. Die geplante Gesamtproduktion sei gleich dem prognostizierten Gesamtbedarf. Da die Vorgänge in der Produktion bereits festliegen, unterliegt nur noch die Art und Weise der Belieferung des Marktes durch die drei Werke der Entscheidung. Wir haben ein reines Transportproblem vor uns. Daher bieten sich die insgesamt anfallenden jährlichen Transportkosten als Entscheidungskriterium an. Die Entscheidungsalternativen sind sehr zahlreich. Im Prinzip kann jedes Werk jeden Verbrauchspunkt ganz oder teilweise beliefern. Wie immer die Entscheidung getroffen wird, es müssen die jährlichen Versandmengen x_{ij} gewählt werden, die von jedem Werk i nach jedem Verbrauchspunkt j fließen sollen. Es müssen also feste Werte für insgesamt dreihundert Entscheidungsvariable x_{ij} fixiert werden, wobei zahlreiche Variable gleich null sein können. Die insgesamt an einem beliebigen Verbrauchspunkt j eintreffende Menge muß gleich dem dortigen Bedarf sein, d. h.

$$x_{1j} + x_{2j} + x_{3j} = b_j \qquad (j = 1, \ldots, 100) \tag{2}$$

Zu diesen 100 Restriktionen tritt die Bedingung hinzu, daß die ein Werk insgesamt verlassende Menge die dortige Produktion genau erschöpfen soll, d. h.

$$x_{i1} + x_{i2} + \ldots + x_{i100} = p_i \qquad (i = 1, 2, 3) \tag{3}$$

Das sind drei weitere Restriktionen. Durch diese 103 Restriktionen (wozu strenggenommen noch Nicht-Negativitätsbedingungen kommen) ist der Entscheidungsspielraum mathematisch umschrieben. Dabei sind auch gleich die ersten Umweltfaktoren in Form der Bedarfsziffern und der Produktionsmengen der Werke aufgetaucht.

Ein weiterer Komplex von relevanten Umweltfaktoren wäre in der Transportkostenstruktur zu sehen. Wir bezeichnen mit c_{ij} die Transportkosten je Mengeneinheit auf jeder der 300 möglichen Transportrouten. Die modellmäßige Verknüpfung der Entscheidungsvariablen und Umweltfaktoren mit dem Entscheidungskriterium ist in diesem Falle höchst einfach. Die Gesamtkosten entstehen durch Summation der auf den einzelnen Routen anfallenden Teilkosten:

$$K = \sum_{i=1}^{3} \sum_{j=1}^{100} c_{ij} \cdot x_{ij} \tag{4}$$

Stellen wir uns vor, daß aus irgendwelchen Gründen die Transportkostenstruktur im Planungszeitpunkt nicht mit Sicherheit bekannt ist, so können wir etwa drei Umweltalternativen in Betracht ziehen, indem wir optimistische, mittlere und pessimistische Schätzwerte der Koeffizienten c_{ij} annehmen. Hierbei ist unterstellt, daß die übrigen Umweltfaktoren mit genügender Sicherheit festliegen. Wir können dann eine dreispaltige Ergebnistabelle für eine beliebige Anzahl von zulässigen Transportplänen x_{ij} mit Hilfe des Modells ausfüllen.

4. Schwierigkeiten der Datenbeschaffung

Schon dieses stark vereinfachte Beispiel eines relativ isolierten Teilproblems läßt zweierlei erkennen: Die *Berechnungen* werden schon in relativ einfachen Fällen so umfangreich und komplex, daß sie häufig nur elektronisch zu bewältigen sind. Ferner wirft die Spezifizierung der Umweltfaktoren einschließlich ihrer Unsicherheitsbereiche ein schwerwiegendes *Datenproblem* auf. Das erforderliche Datenmaterial ist nicht nur sehr umfangreich, sondern häufig auch qualitativ und begrifflich verschieden von dem, was man im betrieblichen Rechnungswesen und anderen geläufigen Datenquellen vorfindet. Häufig macht daher eine OR-Studie umfangreiche Originalerhebungen notwendig. Ein allmählicher Umbau des Rechnungswesens sowie die Möglichkeiten der elektronischen Datenverarbeitung zur Umstrukturierung vorhandener Daten und zur Verarbeitung von Neuerhebungen werden die Informationsvoraussetzungen für fruchtbare Unternehmensforschung verbessern helfen. Hinzu tritt die Notwendigkeit subjektiver Expertenschätzungen besonders bei einmaligen und neuartigen Entscheidungssituationen.

5. Unternehmensforschung als Entscheidungsgrundlage für die Unternehmensleitung

Wir nehmen nun an, alle genannten Schwierigkeiten seien befriedigend überwunden und eine Ergebnistabelle sei berechnet worden. Es stellt sich nunmehr die entscheidende Frage: Was ist damit vom Standpunkt der Unternehmensleitung aus gewonnen und was nicht?

Beginnen wir zunächst mit der negativen Seite, um die *Grenzen der Unternehmensforschung* aufzuzeigen. Die Ergebnistabelle sagt keineswegs eindeutig aus, welche Entscheidung gewählt werden sollte. Es kann sich also nicht darum handeln, daß die Unternehmensforscher dem Unternehmer jeweils vorrechnen wollen, wie er sich zu verhalten habe. Dafür sind hauptsächlich zwei Gründe ausschlaggebend. Zunächst sind die Entscheidungskriterien Teilkriterien, die nicht alle dem Unternehmer wichtigen Gesichtspunkte umfassen können. Er muß außerdem noch Imponderabilien in die Waagschale legen. Ferner fällt das Ergebnis jeder Entscheidung für jede Umweltmöglichkeit anders aus. Damit ist das Risiko zwar beschrieben, aber es bleibt Sache des Unternehmers, sich für oder gegen eine bestimmte Art des Risikos zu entscheiden. Es handelt sich also keinesfalls um die Schmälerung der unternehmerischen Entscheidungsfunktion, sondern vielmehr um ihre Unterstützung.

Wir kommen damit zur positiven Seite: Es sollte deutlich sein, daß die Ergebnistabelle eine äußerst wirksame *Entscheidungshilfe* darstellt. Wir werden einige Möglichkeiten ihrer fruchtbaren Verwendung durch den Unternehmer kurz skizzieren. Ein wichtiger Sonderfall ist der, daß der Unternehmer eine einzige Umweltmöglichkeit Y, etwa eine bestimmte Marktprognose, als Planungsgrundlage akzeptiert und ein einziges Entscheidungskriterium, etwa Gewinn oder Kosten, als wesentlich zugrunde legt. In diesem Falle ist nur eine einzige Spalte der Ergebnistabelle interessant. Man kann aus ihr entnehmen, welche Entscheidung etwa den Gewinn maximiert. Wir haben dann den Sonderfall einer echten *Optimalrechnung,* die durch Aufzählung oder bei sehr vielen kombinatorischen Möglichkeiten mathematisch bewältigt werden kann. Wenn die obigen Voraussetzungen erfüllt sind, ist damit die richtige Entscheidung bereits gegeben. Sind außerdem noch *Imponderabilien* zu berücksichtigen, so bleibt die Optimalrechnung bezüglich des quantitativen Kriteriums weiterhin von Bedeutung.

Betrachten wir als Beispiel die Planung der Zusammensetzung einer militärischen Lufttransportflotte aus verschiedenen Flugzeugtypen. Für eine bestimmte Transportaufgabe sei zunächst die kostenoptimale Flotte berechnet worden. Als imponderabler Gesichtspunkt möge die Flexibilität der Flotte hinzutreten. Der Entscheidungsträger kann nunmehr eine Lösungsalternative skizzieren, die seinen Vorstellungen von Flexibilität Genüge tut. Die Kosten dieser Flotte werden wiederum mit Hilfe des Modells berechnet. Nunmehr ist ein wichtiger Vergleich möglich: Die Kostendifferenz zwischen der kostenoptimalen und der voll flexiblen Flotte ist jetzt bekannt, und der Entscheidungsträger kann sich fragen, ob die zusätzliche Flexibilität den zusätzlichen Aufwand rechtfertigt. Sein abwägendes Werturteil und damit die endgültige Entscheidung werden wesentlich erleichtert und wirksam unterstützt.

Nunmehr kehren wir zum Problem der *Unsicherheit* zurück. Es seien also mehrere Umweltkonstellationen möglich. Wenn es sich um eine in ähnlicher

Form häufig wiederholbare Entscheidung handelt, so hat es unter Umständen einen Sinn, für jede Entscheidung den Durchschnitt aller möglichen Ergebnisse zu bilden und die Entscheidung mit dem günstigsten Durchschnitt auszuwählen. Hier handelt es sich dann um die Optimierung des sogenannten *Erwartungswertes*. Sie kommt etwa bei Problemen der Lagerhaltung in Frage. Handelt es sich um nicht routinemäßige, einmalige Entscheidungen, so ist eine Durchschnittsbildung der möglichen Ergebnisse wegen des großen *Risikos* sinnlos. Man muß die Tabelle unverändert lassen und Ergebnisse, Empfindlichkeit und Störanfälligkeit der einzelnen Entscheidungen gegenüber verschieden möglichen Umweltkonstellationen vergleichen. Erst dann ist durch Abwägen eine Entscheidung zu fällen. Tabelle 2 zeigt als Beispiel die Kapazitätsplanung bei unsicherem Markt. Die Entscheidung wird je nach Unternehmerpersönlichkeit verschieden ausfallen. Aber die Untersuchung und Abwägung des Risikos geht nun nicht mehr im Unterbewußten, sondern auf Grund objektiver Unterlagen vor sich. Wieder ist eine wirksame Entscheidungshilfe gegeben. Häufig ist das unsichere Ergebnis einer Entscheidung bezüglich gewisser einzelner Umweltfaktoren besonders unempfindlich oder besonders empfindlich. Diese *Empfindlichkeitsanalyse* gibt also Hinweise, ob es sich vom Entscheidungsstandpunkt aus lohnt oder nicht lohnt, gewisse Informationen durch Zuwarten oder durch Kauf zu verbessern.

Tab. 2: Werkgröße bei unsicherem Marktgewinn
(in Mill. DM)

Markt / Werk	Optimistisch	Mittel	Pessimistisch
Klein	2	2	2
Mittel	4	3	1
Groß	8	9	—3

Schließlich können in einer Tabelle *mehrere Entscheidungskriterien* simultan erscheinen. Der Unternehmer kann dann aus der Tabelle entnehmen, wie diese Mehrfachziele miteinander in Wechselwirkung stehen. Z. B. wird ihm die Frage beantwortet, wie sehr die Erreichung eines Zieles, etwa des Gewinns, leidet, wenn ein anderes Ziel, etwa die Erreichung eines höheren Marktanteils, in stärkerem Maße angestrebt wird. Diese Austauschrelationen zwischen Entscheidungsalternativen bilden wiederum eine wichtige objektive Grundlage für das endgültige Werturteil. Insbesondere kann der Unternehmer fragen, welche Entscheidung für einen bestimmten geforderten Marktanteil den maximalen Gewinn erbringt. Er erhält dann eine „effiziente“ Alternative und kann seine endgültige Entscheidung erleichtern, indem er sich auf effiziente Alternativen beschränkt. In allen diesen Fällen hat die Ergebnistabelle entscheidende Dienste geleistet.

Zusammenfassend bietet die Unternehmensforschung dem Unternehmer folgendes:

- Die Unternehmensforschung stellt die *quantifizierbaren Konsequenzen* alternativer Entscheidungen dar und setzt dadurch den Unternehmer in den Stand, die Wirksamkeit dieser Entscheidungen nach objektiven Kriterien zu vergleichen. Zugleich werden die *imponderablen Konsequenzen* schärfer beleuchtet. Der Unternehmer ist nunmehr in der Lage, imponderable Ziele gegen die damit verbundenen meßbaren Effekte (z. B. Kosten) abzuwägen.

- Die Unternehmensforschung zeigt die möglichen Kompromisse zwischen *Mehrfachzielen,* die sich für gewöhnlich gegenläufig verhalten. Der Unternehmer kann sich jetzt die „Austauschrelationen" zwischen gegenläufigen Zielsetzungen vor Augen führen. Er erhält so eine ausgezeichnete Grundlage für sein endgültiges Werturteil. Häufig ist es möglich, die Wahl auf „effiziente" Alternativen zu beschränken und damit viele nicht ökonomische Entscheidungen außer Betracht zu lassen.

- Die Unternehmensforschung erleichtert die Entscheidung bei *Unsicherheit.* Die Ergebnistabelle zeigt die Variation der Ergebnisse für verschiedene Umweltmöglichkeiten und gibt damit eine Beschreibung des Risikos. Mit Hilfe dieser Informationen kann der Unternehmer Anreiz und Risiko abwägen und sich für ein ihm genehmes Risiko entscheiden.

  Können den Umweltmöglichkeiten noch subjektiv geschätzte *Wahrscheinlichkeiten* zugeordnet werden, so wird die quantitative Risikoanalyse weiter präzisiert.

- Die in der Ergebnistabelle inbegriffene *Empfindlichkeitsanalyse* kann zeigen, daß gewisse Entscheidungen gegenüber den Umweltmöglichkeiten hoch empfindlich sind. Dadurch kann sie den Unternehmer vor besonders riskanten Entscheidungen warnen. Weitere Forschungen können zur Entdeckung weniger empfindlicher Alternativen führen. Von besonderem Interesse sind Alternativen, die für *alle* Umweltmöglichkeiten einigermaßen gute Ergebnisse liefern. Im Idealfall gibt es eine „dominante" Alternative, die für alle Umweltmöglichkeiten den übrigen Alternativen überlegen ist. In dieser Weise kann man einer unsicheren Zukunft am besten begegnen. Die Konstruktion einer auch nur annähernd dominanten Alternative, die selten auf der Hand liegt, ist einer der fruchtbarsten Beiträge der Unternehmensforschung.

- Eine weiter gehende Empfindlichkeitsanalyse kann auch zeigen, welche Einzelfaktoren die Empfindlichkeit gewisser Entscheidungen hauptsächlich verursachen. Sie kann daher zeigen, für welche Faktoren sich der *Zukauf weiterer Informationen* lohnt, und damit die Entscheidung erleichtern, ob die primäre Entscheidung verschoben werden sollte, bis mehr Informationen verfügbar sind.

Damit sollte deutlich sein, daß die Unternehmensforschung erhebliche Beiträge zur Lösung schwieriger Entscheidungsprobleme leisten kann. Voraussetzung hierfür ist ein hohes Maß an Zusammenarbeit und wirksamer Kommunikation zwischen Unternehmer und Wissenschaftler. Zugleich ist gezeigt worden, daß die endgültigen Entscheidungen ganz in der Hand des Unternehmers bleiben, sie fallen auf Grund eines unternehmerischen Urteils. Aber die Basis für dieses Urteil wurde verbessert. Der Graben, der von der reinen Intuition übersprungen werden muß, ist schmäler geworden. Dieser Umstand kann die Treffsicherheit der Intuition nur erhöhen. Man kann sagen, die Unternehmensforschung wirkt als *Verstärker der unternehmerischen Intuition.* Sie hebt sie auf eine höhere Ebene. Die Qualität der Entscheidungen wird notwendig verbessert.

III. Praktische Anwendungsmöglichkeiten der Unternehmensforschung in der Industrie

1. Unternehmensforschung als Maßarbeit

Bevor wir uns konkreten Anwendungen der Unternehmensforschung im industriellen Bereich zuwenden, bedarf es eines warnenden Wortes. Unternehmensforschung ist *Forschung:* sie kann also *nicht* mit fertigen Problemlösungen aufwarten. In der Tat hätte der Unternehmer allen Grund zum Mißtrauen, wenn sie dies behaupten wollte. Leider ist diese Vorstellung immer wieder anzutreffen. Man denkt sich die Unternehmensforschung als eine Art Werkzeugkiste voller exotischer mathematischer Verfahren, deren Namen dem Nichtspezialisten ohnehin wenig sagen: lineare, nichtlineare und dynamische Optimierung, Monte-Carlo-Methoden, Warteschlangentheorie, Markov-Prozesse und dergleichen mehr. Hat jemand ein Problem — so meint man —, dann ist nur das geeignete Werkzeug aus der Kiste zu greifen und das Problem zu „lösen". Diese Vorstellungen werden auf die Spitze getrieben, wenn die mathematischen Verfahren in Verbindung mit der immer noch mystischen Rolle des Computers gesehen werden. Zur Kiste mathematischer Kuriositäten tritt noch die Bibliothek fertiger Maschinenprogramme, und wir sind im Land der unbegrenzten Möglichkeiten. So hegte ein Vorstandsmitglied eines großen Energieversorgungsunternehmens die Erwartung, man müsse nur einige Daten sammeln und einige fertige Maschinenprogramme vom Regal ziehen, um am anderen Ende des Computers den optimalen Investitionsplan einschließlich etwa zu lösender Standortprobleme in Empfang zu nehmen. Der Controller einer bekannten Firma hatte ähnliche Erwartungen bezüglich der maschinellen Berechnung „der optimalen Vertriebsorganisation".

Es muß mit aller Deutlichkeit gesagt werden: Hier liegt eine Verwechslung der Unternehmensforschung mit ihren mathematischen und rechentechnischen Hilfsmitteln vor. Eine Flut von Veröffentlichungen über die mathematischen Hilfsmittel, die fälschlicherweise den Titel „Unternehmensforschung" tragen, hat hierzu nicht wenig beigetragen. Die Wirklichkeit ist ganz anders: Bevor etwas Sinnvolles gerechnet werden kann, muß die Aufgabe gestellt sein. Sie ist nicht, wie etwa bei einer technischen Berechnung, automatisch gegeben. Es bedarf der Erforschung vieler Zusammenhänge durch Beobachtung, Sichtung von Daten und gegebenenfalls Experimente. Dann muß eine Verknüpfung dieser Zusammenhänge erfolgen, so daß eine Brücke zwischen den konkreten Entscheidungsalternativen und den interessierenden Konsequenzen entsteht. Diese *Modellkonstruktion* sowie die *Identifizierung* und *Beschaffung der benötigten Daten* sind die wirklichen Schwerpunkte der Arbeit des Unternehmensforschers. Die Berechnung von Lösungen oder — was nach unserem ersten Kapitel sehr viel häufiger ist — von Lösungsunterlagen ist dann fast ein Anhängsel, jedenfalls eine untergeordnete mechanische Phase. Der Erfolg des Unterfangens wird durch die früheren Phasen entschieden. Die Modellkonstruktion muß, von ganz wenigen Standardfällen abgesehen, in jeder konkreten Situation von vorn beginnen. Es gibt keine Universalmodelle. In diesem Sinne muß die Unternehmensforschung immer Forschung bleiben. Sie kann nur „*Maßanzüge*" liefern.

Das sollte im Auge behalten werden, wenn im folgenden gewisse „Standardprobleme" besprochen werden, die in ähnlicher Form in vielen Firmen auftreten. Dennoch wird in jeder Firma das Modell anders aussehen. Schließlich soll noch betont werden, daß die Probleme selbst nicht neu sind. Die Unternehmensforschung zeichnet sich nicht durch den Inhalt der Probleme, sondern durch neuartige Beiträge zur Lösung bekannter Probleme aus.

Nunmehr soll eine knappe Übersicht von Fragestellungen aus der Industrie und dem Dienstleistungsbereich gegeben werden, die mit den Methoden der Unternehmensforschung bearbeitet worden sind.

2. Produktionsbereich

Ein wichtiger Problemkomplex ist die optimale Ausnutzung vorhandener Anlagen im Sinne einer kurzfristigen Gewinnmaximierung. Die sogenannte Deckungsbeitragsrechnung reicht hierzu nicht aus. Es sind kompliziertere Modelle der Unternehmensforschung erforderlich, um die optimale Kombination von alternativen Fertigungsprozessen, Maschinenbelegungen sowie das kurzfristig optimale Sortiment zu ermitteln, sofern das Unternehmen Spielraum auf dem Markt hat. Bei den Berechnungen spielt besonders die *lineare Programmierung* eine Rolle.

Fall 1: Produktionsplanung mit linearer Programmierung

In einem Textilbetrieb wurde die Produktion von Decken untersucht. Die Gesamtheit der Erzeugnisse wurde in einigermaßen homogene Klassen $j = 1, \ldots, m$ gruppiert. Aufgabe der kurzfristigen Produktionsplanung ist es, die Produktionsmengen x_i für eine bestimmte Planperiode festzulegen. Zunächst ist es Aufgabe des Vertriebs, die mindestens benötigten Mengen a_j sowie die höchstens absetzbaren Mengen b_j für jede Erzeugnisgruppe zu schätzen. Die Planung hat dann innerhalb der Marktrestriktionen

$$(5) \qquad a_j \leq x_j \leq b_j \qquad (j = 1, \ldots, m)$$

zu erfolgen. Das Produktionsprogramm ist ferner durch die vorhandenen Anlagen eingeschränkt. Auch diese seien geeignet gruppiert und mit $i = 1, \ldots, n$ bezeichnet. Die in der Planungsperiode verfügbare Kapazität

Tab. 3: Lineare Programmierung in einem Textilbetrieb: Wöchentliche Planung der Deckenproduktion

Produkt	1	2	3	4	5	6	7	8	9	Summen-spalte	Einheit
Menge	x_1	x_2	x_3	x_4	x_5	x_6	x_7	x_8	x_9	–	ME/Woche
Deckungsbeitrag	101	98	90	68	65	81	55	52	58	–	DM/ME
Kapazitäts-belastung:											
Maschine 1	15,8[1]		17,6	18,9			15,6			≤ 2 900[2]	h/Woche
Maschine 2		20,2			21,6	21,6		17,9	17,9	≤ 900	h/Woche
Maschine 3	0,3	0,3	0,36	0,36	0,36	0,45	0,31	0,31	0,34	≤ 120	h/Woche
Maschine 4			820,0	830,0	830,0	950,0	705,0	705,0	725,0	≤ 125 000	Spulen h/W
Maschine 5	550,0	550,0								≤ 20 000	Spulen h/W
Marktgrenzen:											
Gruppe 1							1	1	1	≤ 70	ME/Woche
Gruppe 2							1	1	1	≥ 15	ME/Woche
Gruppe 3				1	1	1				≥ 7	ME/Woche
Optimale Mengen	36,36	0	0	90,17	0	41,67	15,0	0	0	183,20	ME/Woche
Deckungsbeitrag	3670	0	0	6120	0	3370	825	0	0	13895	DM/Woche

[1]) Zeitbedarf je Einheit Endprodukt (h/ME).
[2]) Verfügbare Kapazität der jeweiligen Maschine.

(in Stunden) sei c_i. Die Produktion einer Einheit von Produkt j möge a_{ij} Stunden auf Anlage i erfordern. Die Gesamtbelastung der Anlage i durch sämtliche Erzeugnisse j darf die vorhandene Kapazität c_i nicht überschreiten. Damit sind folgende Kapazitätsrestriktionen gegeben:

(6) $$\sum_{j=1}^{m} a_{ij}x_j \leq c_i \qquad (i = 1, \ldots, n)$$

Alle Restriktionen zusammengenommen umschreiben die Menge der zulässigen Alternativen. Innerhalb des so verbleibenden Spielraums ist der in der Planungsperiode zu erwirtschaftende Deckungsbeitrag D zu maximieren. Ist p_j der Deckungsbeitrag (Preis minus variable Stückkosten) je Einheit von Produkt j, so lautet die zu maximierende Zielfunktion

(7) $$D = \sum_{j=1}^{m} p_j x_j$$

Ein Zahlenbeispiel findet sich in Tabelle 3. Die jeweiligen Zeilen können als Zielfunktion bzw. Restriktionen gelesen werden, wenn man mit den darüberstehenden Variablen x_j multipliziert. Die Durchführung der Optimalrechnung muß bei realistischen Größenordnungen elektronisch erfolgen und greift auf neuere mathematische Theorien zurück. Die Ergebnisse sind mitunter nicht unmittelbar plausibel: Z. B. kann das Produkt mit dem höchsten Deckungsbeitrag im gewinnmaximalen Programm völlig fehlen! Die Rechnung kann mit variierten Marktgrenzen a_j und b_j wiederholt werden. Die jeweils optimalen Mengen x_j geben dann wertvolle Hinweise auf das Sortiment, das im Rahmen der vorhandenen Anlagen wünschenswert wäre. Das Modell setzt die Deckungsbeitragsrechnung sowie Marktinformationen und technische Informationen voraus und integriert sie.

Im Falle des Textilbetriebs zeichnete sich die Möglichkeit einer erheblichen Gewinnsteigerung ab, die sich also durch bessere Ausnutzung der vorhandenen Kapazitäten und geeignete Umstrukturierung des Sortiments innerhalb des gegebenen Spielraums erklärt. Kostenmodelle für Ölraffinerien sind ganz ähnlich strukturiert. Auch dort benutzt man lineare Zielfunktionen mit linearen Ungleichungen als Nebenbedingungen, Man spricht bei dieser mathematischen Struktur allgemein von linearer Programmierung. Es hat sich gezeigt, daß sich viele Probleme in den verschiedensten Branchen und Situationen als lineare Programmierungsprobleme formulieren lassen.

Die mittelfristige Produktionsplanung wirft eine neue Klasse von Problemen auf: Besonders bei zeitlich schwankendem, etwa *saisonalem Marktbedarf* sind Produktion, Personalstand, Überstunden und Lagerinvestitionen im Zeitverlauf optimal abzustimmen. Entsprechende Modelle zur Minimierung der entstehenden Gesamtkosten sind entwickelt worden.

Fall 2: Produktionsglättung

In einer Farbenfabrik mit stark saisonalem Marktbedarf sind Produktion und Personalstand für die Dauer eines Jahres kostenoptimal zu planen. Wir bezeichnen die 12 Monate der Planungsperiode mit $i = 1, \ldots, 12$. Grundlage der Planung ist eine Prognose des Marktbedarfs r_i (in Liter) für jeden Monat (s. Abb. 1). Zu planen sind das monatliche Produktionsvolumen V_i (in Liter) und der monatliche Personalstand P_i (Zahl der Arbeitskräfte). Die mit normaler Arbeitszeit mögliche Produktion je Arbeitskraft sei α, ein über den Gesamtbetrag αP_i hinausgehender Marktbedarf muß also durch Überstunden oder Lagerentnahmen abgedeckt werden. Das Problem wird erst dadurch interessant, daß Fluktuationen im Personalstand, insbesondere eine völlige Anpassung an die saisonalen Schwankungen der Nachfrage, kostspielig sind. Ferner ist die Lagerhaltung mit Kosten verbunden. Wie sind unter diesen Umständen die Gesamtkosten zu minimieren?

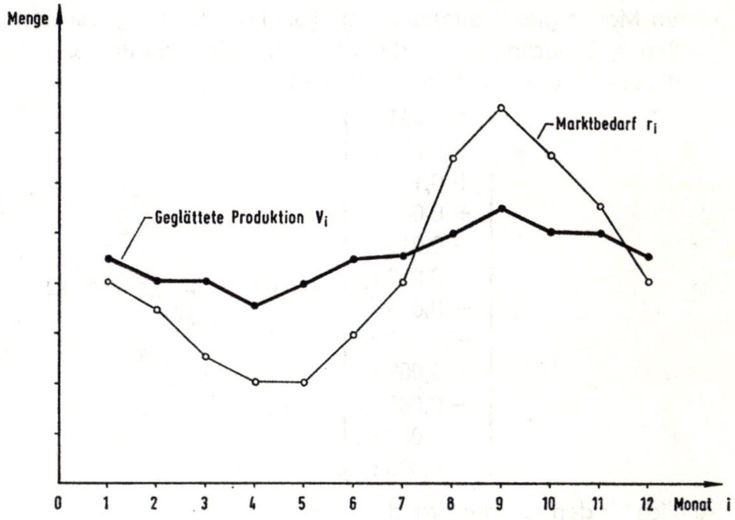

Abb. 1: Produktionsglättung bei Saisonalität

Zur Lösung des Problems wird ein umfassendes Kostenmodell aufgestellt. Die regulären Lohnkosten im Monat i sind eine lineare Funktion $C_1 P_i$ des Personalstands (alle C sind Konstanten, V_i und P_i sind Entscheidungsvariable). Die Personalschwankungskosten, die durch Änderung der Belegschaft von P_{i-1} im Vormonat auf P_i im laufenden Monat entstehen, wurden in quadratischer Form $C_2 (P_i - P_{i-1})^2$ angesetzt. Schließlich entstehen Überstundenkosten, die dem Überschuß des Produktionsvolumens über die normale Kapazität proportional sind: $C_3 (V_i - \alpha P_i)^+$, wobei das hochgestellte Pluszeichen andeutet, daß diese Rechnung nur durchzuführen ist, wenn ein Überschuß existiert. Andernfalls sind diese Kosten null. Schließlich errechnet sich der Lagerbestand im Monat i als Ausgangsbestand I_0 plus kumulative Produktion minus kumulative Abgänge, also die dem Lagerbestand proportionalen Kosten in der Form $C_4 (I_0 + q_1 + \ldots + q_i - r_1 \ldots - r_i)$. Die Zusammenfassung aller Kostenelemente ergibt das folgende Modell der jährlichen Kosten:

$$K = \sum_{i=1}^{12} [C_1 P_i + C_2 (P_i - P_{i-1})^2 + C_3 (V_i - \alpha P_i)^+ + C_4 (I_0 + q_1 + \ldots + q_i - r_1 \ldots - r_i)] \tag{8}$$

Als Nebenbedingung ist unter anderem zu fordern, daß die Lagerbestände nicht negativ werden, daß also keine Lieferverzögerungen eintreten dürfen.

Die Minimierung der jährlichen Gesamtkosten bezüglich der Plangrößen P_i und V_i kann nun auf mathematischem Wege erfolgen. Wir sind auf ein Problem der „quadratischen Programmierung" geführt worden. Um die mathematische Minimierung nicht allmonatlich neu durchführen zu müssen, kann man die optimalen Lösungen V_1^* und P_1^* für den ersten Monat gleich allgemein als Funktion der prognostizierten Bedarfsgrößen r_i berechnen. Für die speziellen Kostendaten der Farbenfabrik ergab sich für das Produktionsvolumen

$$V_1^* = \left\{ \begin{array}{l} + 0{,}463\, r_1 \\ + 0{,}234\, r_2 \\ + 0{,}111\, r_3 \\ + 0{,}046\, r_4 \\ + 0{,}013\, r_5 \\ - 0{,}002\, r_6 \\ - 0{,}008\, r_7 \\ - 0{,}010\, r_8 \\ - 0{,}009\, r_9 \\ - 0{,}008\, r_{10} \\ - 0{,}007\, r_{11} \\ - 0{,}005\, r_{12} \end{array} \right\} + 0{,}993\, P_0 + 153 - 0{,}464\, I_0 \tag{9}$$

Ähnlich für den Personalstand:

$$P_1^* = \left\{ \begin{array}{l} + 0{,}0101\, r_1 \\ + 0{,}0088\, r_2 \\ + 0{,}0071\, r_3 \\ + 0{,}0054\, r_4 \\ + 0{,}0042\, r_5 \\ + 0{,}0031\, r_6 \\ + 0{,}0023\, r_7 \\ + 0{,}0016\, r_8 \\ + 0{,}0012\, r_9 \\ + 0{,}0009\, r_{10} \\ + 0{,}0006\, r_{11} \\ + 0{,}0005\, r_{12} \end{array} \right\} + 0{,}743\, P_0 + 2{,}09 - 0{,}010\, I_0 \tag{10}$$

Auf Grund dieser nun sehr einfachen Formeln können die unmittelbar bevorstehenden Entscheidungen allmonatlich auf Grund der neuesten Marktprognose für die jeweils folgenden 12 Monate berechnet werden. Interessant ist der abnehmende Einfluß der ferneren Zukunft. Die wiederholte Anwendung der Formeln führt auf die gewünschte kostengünstige Glättungspolitik. Im vorliegenden Fall der Farbenfabrik ergab ein Test dieser Planungsmethode selbst bei nur grober Prognose des Marktbedarfs r_i eine Kostenreduktion von etwa 8 %.

Neben diesen mehr globalen Entscheidungen hat man auch *Produktionsabläufe* im Detail untersucht. Bei Fertigung auf Lager stellt sich die Frage nach wirtschaftlichen Losgrößen. Wenn die Frage auch schon älteren Datums ist, so hat doch erst die Unternehmensforschung praxisreife Modelle geschaffen, besonders durch Entwicklung der erforderlichen Bedarfsprognosen und die Abschätzung ihrer Unsicherheit. Wir werden bei der Lagerhaltung nochmals darauf zurückkommen. Die Einführung wirtschaftlicher Produktionsmengen hat sich in vielen Branchen, so z. B. in der chemischen Industrie mit ihren hohen Rüstkosten, sehr gewinnbringend erwiesen.

Bei der *Auftragsfertigung* steht mehr die kostengünstige und termingerechte *Steuerung* des Produktionsflusses im Vordergrund. Hierfür sind entsprechende Methoden der zeitlichen Einplanung von Aufträgen sowie „Prioritätsregeln" zur Bestimmung der Bearbeitungsreihenfolge entwickelt worden. Es leuchtet ein, daß diese mehr ins Detail gehenden Modellverfahren in der Regel in ein umfassendes elektronisches Informationssystem eingebettet sein müssen, schon wegen der Vielzahl der Einzelentscheidungen und des ungeheuren Datenbedarfs. Dennoch ist nicht die Elektronik das Wesentliche, sondern die Steuerungsmodelle. So wird aus einem großen *Stahlwerk* berichtet, daß mit Hilfe eines *manuellen* Systems von Prioritätsregeln eine drastische Reduktion der Terminüberschreitungen erreicht wurde. Dies gelang, obwohl dem Meister die Freiheit gelassen werden mußte, aus zwingenden technischen Gründen von den Prioritätsregeln abzuweichen. Andererseits erzielte eine *Montagefirma,* die über Jahre hinweg ein ganz entsprechendes elektronisches System entwickelte und aufbaute, eine Reduktion der Terminüberschreitungen um 10 %, eine Verkürzung der Durchlaufzeit um eine Woche mit entsprechender Senkung der prozeßgebundenen Bestände sowie eine Einsparung von 60 % des Aufwands für „Terminjäger".

Fall 3: Fertigungssteuerung durch Prioritätsindex

Die eben erwähnten Ergebnisse wurden in einem Werk der Flugzeugindustrie erzielt. Der Produktionsfluß wurde mit Hilfe der folgenden Prioritätsregel gesteuert. Auf jeder Produktionsstufe wurde jedem zur Bearbeitung anstehenden Auftrag ein „Prioritätsindex" zugeordnet. Dieser wurde wie folgt berechnet:

$$(11)\quad \text{Prioritäts-index} = \frac{\text{Geplantes Versanddatum} - \text{Augenblickliches Datum}}{\text{Zahl der noch auszuführenden Arbeitsgänge}}$$

Diese Prioritätsziffer trägt die Bezeichnung „minimum slack per operation". Je kleiner der Zahlenwert ist, desto dringlicher ist der Auftrag. Die laufende Berechnung und Aufdatierung der Indizes für alle Aufträge erfolgte über ein elektronisches Informationssystem. Generell hängt es von der Geschwindigkeit des Produktionsflusses ab, ob ein Batch-System ausreicht oder ein Real-Time-System erforderlich wird. Die Struktur des Informationsflusses muß in jedem Fall – auch bei manuellen Systemen – dem Schema von Abbildung 2 entsprechen.

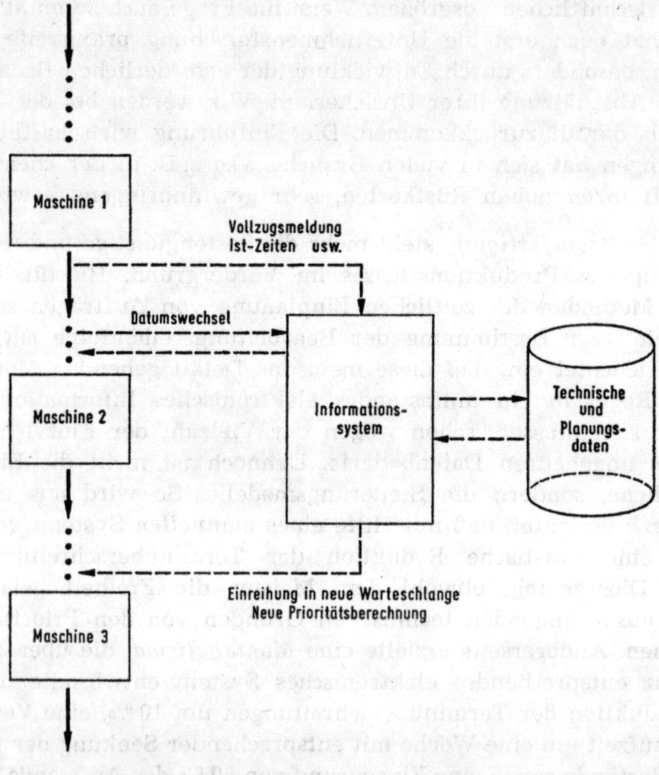

Abb. 2: Real-Time-Informationssystem für Prioritätssteuerung

Gleichung (11) ist natürlich nicht die einzige und auch sicher nicht in jedem Fall die zweckmäßigste Weise, einen Prioritätsindex zu definieren. Im vorliegenden Fall orientiert sich der Index ausschließlich am Ziel der pünktlichen Lieferung. Da erfahrungsgemäß vor jeder Bearbeitungsstufe Wartezeiten entstehen und diese den ganz überwiegenden Teil (etwa 90 %) der Durchlaufzeit ausmachen, wird die restliche Kalenderfrist im Verhältnis zur Zahl der restlichen Arbeitsgänge beurteilt.

Werden die Aufträge in der durch diesen Index gegebenen Dringlichkeitsfolge bearbeitet, so kann man einen günstigen Einfluß auf die Pünktlichkeit der Lieferung erwarten. Dagegen ist es möglich, daß andere Aspekte der Fertigung ungünstiger beeinflußt werden. Will man etwa gleichzeitig die Rüstkosten günstig gestalten, so muß dem Meister die Freiheit gelassen werden, von der strengen zeitlichen Prioritätsfolge etwas abzuweichen und ähnliche Aufträge zusammen zu gruppieren. Die Erfahrung hat gezeigt, daß sich die technischen Gesichtspunkte ohne großen Verlust an Pünktlichkeit befriedigend berücksichtigen lassen. Es ist natürlich auch möglich, Kostengesichtspunkte von vornherein in den Prioritätsindex einzubauen und je nach Wunsch den Schwerpunkt der Priorität mehr auf die Kosten oder mehr auf die Pünktlichkeit zu legen.

Gehen wir über die bestehenden Anlagen hinaus zu größeren Veränderungen oder Erweiterungen, so ergibt sich eine Fülle von neuen Problemen, die mit den Methoden der Unternehmensforschung zu bearbeiten sind. Es ist möglich, die innerbetriebliche Standortwahl so zu treffen, daß die innerbetrieblichen *Förderkosten* minimiert werden. Die Aufteilung der Arbeitsgänge bei Fließbandfertigung kann so berechnet werden, daß die Zahl der Arbeitsplätze auf ein Minimum reduziert wird.

Fall 4: Innerbetriebliche Standortwahl und Fließbandproblem

In einem Fertigungsbetrieb sollte die Standortbeziehung der einzelnen Produktionsabteilungen ($i = 1, \ldots, n$) mit Rücksicht auf die innerbetrieblichen Förderkosten neu überprüft werden. Zunächst wurden Daten über die Entfernungen d (in m) zwischen sämtlichen Paaren von möglichen Standorten sowie den jährlichen Materialfluß m_{ij} (in technischen Einheiten) zwischen sämtlichen Paaren von Abteilungen gesammelt. Für jeden Materialfluß m_{ij} wurden ferner die Förderkosten c_{ij} je Entfernungseinheit und Mengeneinheit ermittelt. Wird eine bestimmte Standortbeziehung S der Abteilungen ins Auge gefaßt, so ergeben sich daraus ganz bestimmte Entfernungen d (i, j; S) zwischen allen Paaren (i, j) der eingewiesenen Abteilungen. Die jährlichen innerbetrieblichen Förderkosten lassen sich dann leicht nach der Formel

$$K = \sum_{i,j} c_{ij}\, m_{ij}\, d\,(i, j; S) \qquad (12)$$

berechnen. Mit Hilfe einer elektronischen Rechenanlage konnte eine große Anzahl alternativer Lösungen S des Standortproblems erzeugt und nach der vorstehenden Formel kostenmäßig bewertet werden. Die beste auf diese Weise ermittelte Lösung reduzierte die innerbetrieblichen Förderkosten um etwa 30 %.

Bei der Einrichtung eines neuen Fließbandes bei Firma Chrysler wurde die Auslegung mit Hilfe eines mathematischen Modells geplant. Als

Ausgangsdaten sind die Taktzeit des Bandes, eine vollständige Liste der auszuführenden Arbeitsgänge und ihrer Dauer bei normalem Arbeitstempo sowie Informationen über zulässige und unzulässige Reihenfolgen von Arbeitsgängen erforderlich. Diese Daten sind für ein stark vereinfachtes Beispiel in Abbildung 3 zusammengefaßt. Die Kreise bezeichnen die Arbeitsgänge a, ..., h mit Dauer in Minuten. Ein Pfeil deutet an, daß die links stehende Arbeit vor der rechts stehenden auszuführen ist. Darüber hinaus sind alle Reihenfolgen zulässig. Die Taktzeit sei 10 Minuten.

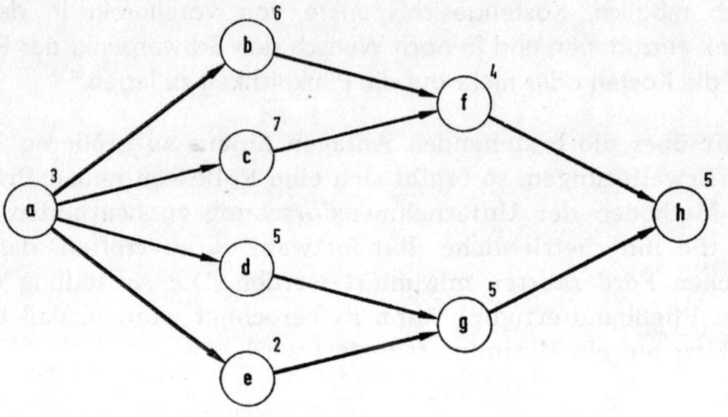

Abb. 3: Reihenfolgebedingungen

Nun stellt sich das Problem, Gruppen von Arbeitsgängen zur Zuweisung an Arbeitsplätze zu bilden. Die Summe der Arbeitsgänge je Arbeitsplatz darf die Taktzeit nicht überschreiten. Wie soll die Gruppierung durchgeführt werden, damit die Anzahl der Arbeitsplätze (und damit die Kosten) minimiert werden? Den Grundgedanken der Lösungsmethode zeigt Tabelle 4. Die Arbeitsgänge sind in einer beliebigen (zulässigen) Folge angeordnet worden.

Tab. 4: Ermittlung der Zahl der Arbeitsplätze

Arbeitsgang	a	e	c	d	b	g	f	h
Zeit	3	2	7	5	6	5	4	5

Mit Rücksicht auf die feste Taktzeit von 10 Minuten, die von keiner Gruppe überschritten werden darf, ergeben sich zwangsläufig 6 Arbeitsplätze. Bei Problemen realistischer Dimension wird mit Hilfe eines Computers in gezielter Weise eine große Anzahl zulässiger Folgen erzeugt, beispielsweise 10 000. Für jede Folge wird nach vorstehendem Schema die benötigte Zahl von Arbeitsplätzen ermittelt. Dabei ergibt sich zwanglos die Folge mit der kleinsten Zahl von Plätzen, die eine für praktische Zwecke genügende Näherungslösung des Problems darstellt.

Das besonders wichtige Gebiet der Ersatz- und Neuinvestitionen wird gesondert besprochen werden. Schließlich wäre noch die Planung des Wartungspersonals und einer Wartungspolitik zu nennen, z. B. das Problem der Wahl zwischen normaler und vorbeugender Wartung.

3. Einkaufsbereich

Die Wichtigkeit wirtschaftlicher Beschaffungsmengen zeigt sich z. B. bei Gewährung von Mengenrabatten, die in OR-Modellen berücksichtigt werden können. Bei stark schwankenden Preisen auf dem Rohmaterialmarkt steht der Einkauf häufig vor schwierigen Problemen. In einer OR-Studie gelang es, mit Hilfe einer neuen Prognosemethode die Preisentwicklung für einige Monate zutreffend zu schätzen. Diese Studie ergab eine Senkung der kombinierten Einstands- und Lagerungskosten je Tonne um etwa 5 %. Auf Jahresbasis handelte es sich um Millionenbeträge.

Fall 5: Preisprognose für Rohmaterialeinkauf

Die Preisprognose basierte darauf, daß die Branche, zu der die Firma gehörte, der Hauptabnehmer des fraglichen Rohmaterials war. Daher wurde das „Aktivitätsniveau" der Branche zu der Rohmaterialpreisbewegung in Beziehung gesetzt. Mit Hilfe einer statistischen Analyse historischer Daten gelang die mathematische Fassung des Zusammenhangs. Da die Firma auf Grund des Auftragseingangs und der Vorausbuchungen von Produktionskapazitäten durch ihre Kunden ein gutes Bild von der Entwicklung des Aktivitätsniveaus ihrer Branche für die nächsten 3 bis 4 Monate hatte, konnte der nunmehr bekannte Zusammenhang zwischen Preisbewegung und Aktivitätsniveau zur Prognose der Preise ausgenutzt werden.

Als Indikatoren des Aktivitätsniveaus wurden benutzt:

V_i = Versand im Monat i (in ME)

$\Theta_{j,i}$ = Im Monat i für Monat j vorausgebuchte Kapazität (in ME)

Im Lauf der statistischen Analyse erwiesen sich folgende Kombinationen als besonders zweckmäßig:

$$x_i = \frac{V_i + V_{i-1}}{2} - \frac{\Theta_{i+1,i-1} + \Theta_{i+2,i}}{2} \qquad (13)$$

$$y_i = \Theta_{i,i-1} - \Theta_{i+1,i-1}$$

Der Zusammenhang mit den Preisen p_i (in GE/ME) ergab sich in der Form

$$p_{i+1} - p_i = 15{,}6 - 0{,}090\,x_i - 0{,}044\,y_i$$

$$p_{i+2} - p_i = 19{,}9 - 0{,}229\,x_i \qquad (14)$$

$$p_{i+3} - p_i = 36{,}4 - 0{,}262\,x_i$$

Nimmt man die Gültigkeit dieser Relationen auch für die Zukunft an, so kann die Preisentwicklung in jedem Monat i für die nächsten 3 Monate vorausprojiziert werden. Diese Überlegungen wurden ergänzt durch ein Kostenmodell, mit dessen Hilfe die Einkäufe unter Berücksichtigung der Lagerungskosten preisgünstig programmiert wurden. Als Entscheidungsvariable fungieren dabei die monatlichen Einkaufsmengen q_j (in ME). Wir versuchen, diese soweit zu programmieren, wie unsere Preisprognose in die Zukunft reicht, also für die Monate $j = i, \ldots, i + 3$. Die Preisprognosen p_j müssen noch um Verbrauchsprognosen r_j ergänzt werden. Dann ergibt sich für Monat j ein Lagerbestand

$$(15) \qquad l_j = l_{j-1} + \sum_{k=i}^{j} (q_k - r_k) \qquad (j = i, \ldots, i + 3)$$

Wir verlangen überdies aus Sicherheitsgründen einen positiven Mindestbestand l_{min}, also

$$(16) \qquad l_j \geq l_{min} \qquad (j = i, \ldots, i + 3)$$

Haben wir Lagerungskosten von h (GE/ME und Monat), so ergibt sich für die kombinierten Einstands- und Lagerungskosten in der Planungsperiode

$$(17) \qquad C = \sum_{j=i}^{i+3} (p_j q_j + h l_j)$$

Es ist nun nicht schwer, bei gegebenen Prognosewerten p_j und r_j die kostenoptimalen Werte q_j zu berechnen. Das Ergebnis eines Tests auf Jahresbasis zeigt Tabelle 5.

Tab. 5: Durchschnittliche Kosten je Tonne Rohmaterial (DM/t)

	Einstands-preis	Lagerungs-kosten	Gesamt
Ohne Modell	243,60	1,60	245,20
Mit Modell	227,60	4,40	232,00

Bei einer gewissen Austauschbarkeit von Rohmaterialien und einer Vielzahl von Lieferanten mit unterschiedlichen Preisen und Transportkosten kann das *optimale Einkaufsprogramm* berechnet werden. Die *Wahl zwischen Eigenfertigung und Fremdbezug* und ihre ständige Revision im Laufe der Zeit ist mit Hilfe von OR-Modellen untersucht worden. Die Frage *„Kauf oder Miete von Anlagen"* kann mit Hilfe von OR-Untersuchungen im Investitionsbereich richtig entschieden werden. Schließlich kommt es vor, daß Rohmaterialien oder Anlagen meistbietend erworben werden müssen. Für solche Bietungsprobleme sind Strategien entwickelt worden, die zu kostengünstigen Resultaten führen.

Fall 6: Erwerb von Bodenschätzen durch Höchstangebot

Amerikanische Firmen erwerben häufig das Recht zur Ausbeutung von Bodenschätzen durch Höchstangebot. Die Einreichung geheimer Angebote durch interessierte Firmen geschieht in einem Zeitpunkt, zu dem der ökonomische Wert der zum Verkauf angebotenen Objekte (Landparzellen) noch völlig ungewiß ist. Es liegen nur qualitative geologische Informationen vor. Der Grad der Beteiligung sowie das Angebotsverhalten der Konkurrenz sind ebenfalls unsicher. Alle Angebote bleiben bis zum Verkaufsstichtag geheim und werden dann veröffentlicht.

In dieser Situation muß eine interessierte Firma eine Angebotsstrategie entwickeln, d. h. ein für einen gewissen Verkaufstermin genehmigtes „Angebotsbudget" B in Form von Einzelangeboten x_i auf die zum Verkauf angebotenen Objekte $i = 1, \ldots, n$ verteilen. Einem OR-Team von Mathematikern, Ökonomen, Geologen und Ingenieuren gelang es, in einjähriger Arbeit folgende Resultate zu erreichen. Mit Hilfe der Geologen wurde jedem Objekt ein relativer Punktwert v_i zugeordnet, der zwar noch nichts über den ökonomischen Wert aussagt, aber die qualitativen geologischen Informationen berücksichtigt und für einen Wirksamkeitsvergleich verschiedener Angebotsstrategien ausreicht. Sorgfältige Analysen statistischen Materials enthüllten ferner gewisse Wahrscheinlichkeitsgesetze im Angebotsverhalten der Konkurrenz. Diese gipfelten in der Aussage, daß das Höchstangebot y_i aus der Menge der Konkurrenzangebote für Ob-

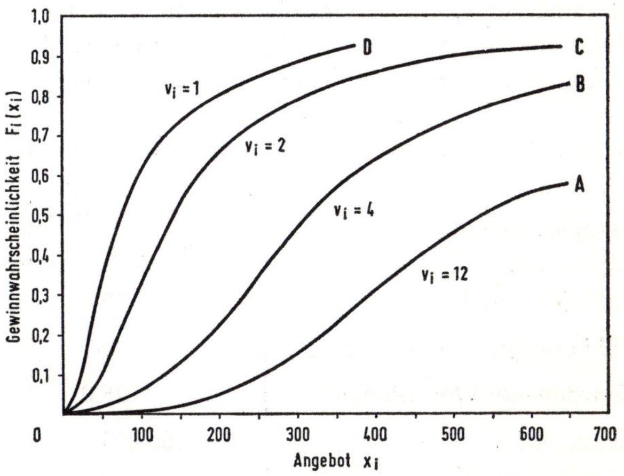

Abb. 4: Gewinnwahrscheinlichkeiten für vier Klassen von Objekten A, B, C, D (mit Punktwerten)

jekt i einer Verteilungsfunktion $F_i (y_i)$ unterliegt. Für jeden beliebigen Wert y_i gibt die Funktion $F_i (y_i)$ die Wahrscheinlichkeit an, daß das wirkliche Höchstangebot der Konkurrenz u n t e r dem Wert y_i liegen wird. Die Form dieser Kurven zeigt Abbildung 4. Natürlich nähert sich die Verteilungsfunktion mit steigendem y_i dem Wert 1; wesentlich ist hier jedoch ihr genauer Verlauf, der empirisch gewonnen wurde. Man kann die Kurven auch so interpretieren: Macht unsere eigene Firma ein Angebot x_i, so wird dieses von der Konkurrenz mit Wahrscheinlichkeit $F_i (x_i)$ unterschritten. Die Größe $F_i (x_i)$ ist also nichts weiter als die Gewinnwahrscheinlichkeit eines Angebots x_i. Gegebenenfalls sind vor der Anwendung dieser Verteilungsfunktionen auf zukünftige Verkaufstermine noch Korrekturen für Preistrends anzubringen. Für eine beliebige Strategie x_i läßt sich nun der durchschnittlich zu erwartende Punktgewinn wie folgt schreiben:

$$(18) \qquad E(V) = \sum_{i=1}^{n} v_i F_i (x_i)$$

Die Maximierung dieses „Erwartungswerts" erscheint als vernünftige Zielsetzung. Dabei ist noch die Budgetrestriktion

$$(19) \qquad \sum_{i=1}^{n} x_i \leq B \qquad (x_i \geq 0)$$

einzuhalten. Die rein mathematische Lösung dieser nichtlinearen Optimierungsaufgabe kann wieder übergangen werden.

In einem Fall standen 37 Objekte zur Wahl, das Budget betrug rund drei Millionen Dollar. Die Berechnungen an Hand des Modells führten zu dem Ergebnis, daß hiervon 30 Objekte mit bestimmten Angeboten x_i belegt werden sollten. Diese Strategie wurde zwar nicht sofort eingesetzt; aber nachdem der Verkaufstermin vorüber war, konnte an Hand der nun veröffentlichten Angebote festgestellt werden, was sie geleistet hätte. Den Vergleich mit der Ist-Strategie zeigt Tabelle 6. Das Modell war also in der Lage, den Punktgewinn der Firma absolut zu übertreffen und überdies –

Tab. 6: Ergebnisse zweier Angebotsstrategien für 37 Objekte

Vergleichspunkt	Wissenschaftliche Strategie	Ist-Strategie
Zahl der Angebote	30	19
Zahl erfolgreicher Angebote	15	4
Gewonnener Wert (Punkte)	25,0	19,5
Ausgabe ($)	1 150 000	2 260 300
Ausgabe/Objekt	103 000	565 000
Ausgabe/Punkt	62 000	116 000

das ist hier das Wesentliche – für den halben Kaufpreis (es handelt sich um Millionenbeträge)! Das Beispiel widerlegt auch die weitverbreitete Auffassung, daß große Unsicherheit und mathematische Methoden der Entscheidungsvorbereitung einander ausschließen. Im Gegenteil! Es kommt nur auf die genaue Berücksichtigung der Wahrscheinlichkeitsgesetze an, die die Unsicherheit charakterisieren.

4. Lagerhaltung

Die *Lagerhaltung* ist mit der Produktion eng verflochten, tritt aber auch im ganzen Distributionssystem und im Handel auf. Die Lagerhaltung ist ein klassisches Gebiet erfolgreicher Anwendung der Unternehmensforschung. Etwa 20prozentige Reduktionen der Lagerinvestitionen und der Kosten bei gleichbleibender oder sogar verbesserter Lieferbereitschaft sind nichts Ungewöhnliches. Zunächst mußten geeignete Methoden der Bedarfsprognose entwickelt werden.

Fall 7: Lagerhaltung

Ein großes Transportunternehmen lagert etwa 20 000 Ersatzteile. Die Lagerinvestitionen betragen viele Millionen. Eine OR-Studie zeigte, daß mathematische Lagerhaltungsmodelle schon in Verbindung mit relativ primitiven Prognosemethoden sehr gute Ergebnisse erzielen können. Die Prognosemethode war eine einfache statistische Extrapolation: Der während der letzten sechs Monate beobachtete durch-

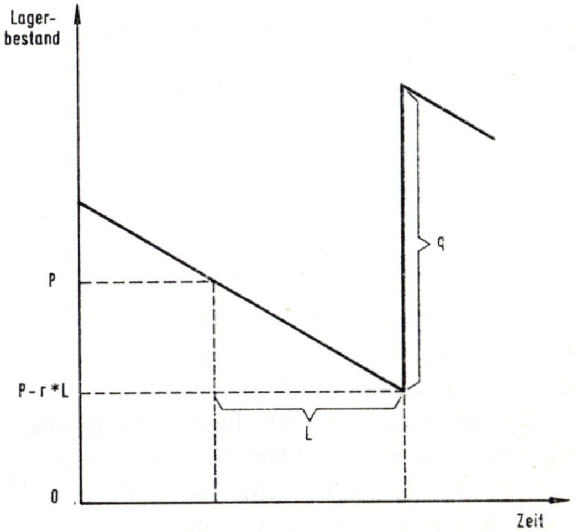

Abb. 5: Zeitlicher Verlauf des Lagerbestandes

schnittliche monatliche Bedarf für ein bestimmtes Ersatzteil diente zugleich als Prognose r^* für den durchschnittlichen monatlichen Bedarf der nächsten 6 Monate. Nunmehr gilt es, für jeden Artikel eine Einlagerungspolitik zu wählen, die sich dem prognostizierten Verlauf so anpaßt, daß eine gewisse Lieferbereitschaft (etwa 95 %) gewährleistet ist und darüber hinaus die Kosten der Beschaffung und Lagerung minimiert werden. Hinsichtlich der Kosten ist zu berücksichtigen, daß bei der Beschaffung – gleichgültig, ob es sich um Einkauf oder Produktion im eigenen Hause handelt – gewöhnlich gewisse fixe Kosten s je Bestellung entstehen, die also von der Losgröße unabhängig sind. Ferner entstehen Lagerhaltungskosten h je Stück und Zeiteinheit. Eine Einlagerungspolitik besteht in der Festlegung der Losgröße q und des „Bestellpunktes" P. Erreicht oder unterschreitet der Lagerbestand das kritische Niveau P, so wird eine Bestellung getätigt. Die bestellte Menge q treffe nach L Zeiteinheiten ein (Lieferzeit). Stellt man sich vor, daß der prognostizierte Bedarf r^* gleichmäßig anfällt, so stellt sich nach Abbildung 5 ein durchschnittlicher Lagerbestand $P - r^* L + q/2$ ein. Die Zahl der Bestellungen je Zeiteinheit ist r^*/q. Damit ergeben sich die Kosten je Zeiteinheit wie folgt:

(20) $$K = s\frac{r^*}{q} + h\left(\frac{q}{2} + P - r^* L\right)$$

Diese sind bezüglich q und P zu minimieren, jedoch unter gleichzeitiger Einhaltung einer Nebenbedingung über die angestrebte Lieferbereitschaft. Wir verzichten hier auf die weitere mathematische Formulierung und geben nur die (annähernd) optimalen Größen q und P an, die sich aus den Berechnungen ergeben:

(21) $$q = \sqrt{\frac{2r^* s}{h}}$$ („wirtschaftliche Losgröße")

(22) $$P = r^* L + S$$

wobei S einen Sicherheitsbestand bedeutet, dessen Größe je nach der angestrebten Lieferbereitschaft formelmäßig bestimmt werden kann.

Vor Einführung eines solchen Kontrollsystems hat man das Bedürfnis, seine Auswirkungen genauer zu ermitteln. Tabelle 7 zeigt einen Ausschnitt einer simulierten Anwendung des Systems unter Zugrundelegung eines tatsächlich beobachteten Nachfrageverlaufs. Man sieht, daß man die resultierenden Lagerinvestitionen, Bestellhäufigkeiten und Fehlmengen (Lieferbereitschaft!) in überzeugender Weise gewinnen kann. Abbildung 6 gibt eine summarische Darstellung für 100 Artikel, wobei die Simulation für verschiedene Niveaus der angestrebten Lieferbereitschaft wiederholt wurde. Auch der Vergleich mit dem Ist-Zustand ist Abbildung 6 zu entnehmen.

Tab. 7: Lagerhaltungssimulation[1])

Datum (Tage)	Bestand (Stück)	Nachfrage (Stück)	Zugang (Stück)	Rückstände (Stück)	r* (St/Monat)	P (Stück)	q (Stück)
103	362	5	0	0	115	39	0
105	154	208	0	0	115	39	0
113	124	30	0	0	115	39	0
114	73	51	0	0	115	39	714
115	0	245	0	172	115	39	0
116	0	6	0	6	115	39	0
120	0	0	0	0	150	50	0
121	18	–18	0	0	150	50	0
122	554	0	714	0	150	50	0
128	534	20	0	0	150	50	0
Auswertung	Kapitalbindung	–	–	Lieferbereitschaft	–	–	Anzahl Bestellungen

[1]) Der Bestand bezieht sich auf das Ende jedes Tages; die Prognose r* wird nur in gewissen Zeitabständen revidiert.

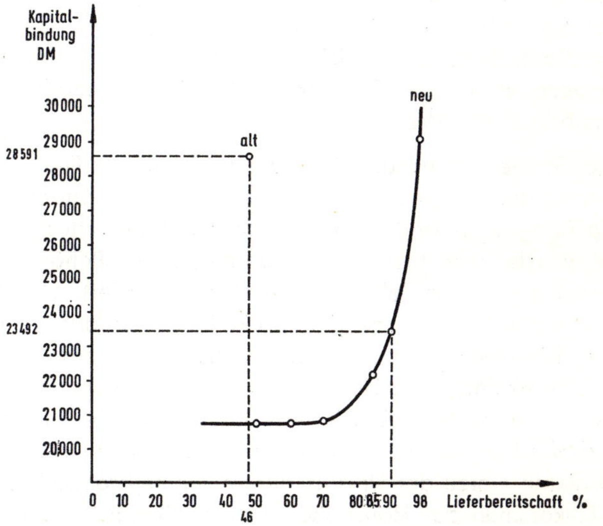

Abb. 6: Kapitalbindung und Lieferbereitschaft für 100 Artikel

Auch Systeme von *mehreren Lägern* sind untersucht worden. Es können z. B. folgende Fragen beantwortet werden: An welchen Stellen eines Produktionsprozesses sollte Lagerung stattfinden? Sollten Halbzeuge, Endprodukte oder beide gelagert werden? Wie hoch sollten die Läger sein? Sollte man in Distributionssystemen ein Zentrallager oder geographisch verteilte Läger verwenden? Welches ist die optimale Mischung solcher Alternativen?

5. Absatzbereich

Mit dem *Absatz* wenden wir uns einem Gebiet zu, in dem die relevanten Daten und Parameter etwaiger Entscheidungsmodelle in der Regel durch subjektive Expertenschätzungen beschafft werden müssen. Auch die Schätzung der kritischen Unsicherheiten hat sich als möglich und besonders fruchtbar erwiesen. Es handelt sich also in der Regel um eine Kombination von subjektiven Schätzungen und objektiven Strukturmodellen. Auf dem Gebiet der *Sortimentspolitik* kann mit besser strukturierten Prognosemodellen schon viel gewonnen werden. In einem Fall konnte eine sorgfältige Modellierung und Schätzung der relevanten Substitutionsvorgänge im Markt an die Stelle einer primitiven Trendextrapolation treten und so der Firma den Weg zur richtigen Produktstrategie weisen.

Fall 8: Diversifizierung

Ein Produzent von Glasbehältern war über stagnierendes Umsatzwachstum beunruhigt. Die leitenden Herren konnten sich nicht darüber einigen, wie der Krise am besten zu begegnen sei. Ihre Vorschläge reichten von einer bloßen Intensivierung und aggressiveren Gestaltung des Vertriebs über Erschließung neuer Märkte für Glasbehälter bis zur Diversifizierung der Firma durch Aufnahme der Produktion von Kunststoffbehältern. Der Aufsichtsrat forderte eine objektive Studie von dritter Seite an, die die Zukunft des Glasbehältermarktes und der Firma innerhalb ihrer Branche klären sollte.

Ziel der Studie war es, die Umsatzentwicklung der Firma für die nächsten zehn Jahre für jede der drei vorgeschlagenen Strategien zu projizieren. Da die Firma in jedem Fall im Behältermarkt im weitesten Sinne tätig sein wollte, wurde zunächst vom Gesamtmarkt für Behälter jeder Art ausgegangen und seine Zukunftsentwicklung projiziert. Mit Hilfe der Marktforschungsabteilung wurde der Markt in überschaubare Kundengruppen zerlegt: Molkereibetriebe, pharmazeutische Industrie, Lebensmittelindustrie, Getränkeindustrie, Haushalte usw. Diese Kundengruppen seien mit $i = 1, \ldots, n$ bezeichnet. Für jede Gruppe wurde ein Indikator E_i ihrer „wirtschaftlichen Aktivität" in einem bestimmten Jahr definiert. In der Regel diente hierzu der Umsatz der Abnehmerbranchen oder das verfügbare Einkommen der Haushalte. Diese Indikatoren konnten relativ leicht mit konventionellen volkswirtschaftlichen Methoden in die Zukunft projiziert werden. Die Untersuchung statistischer Daten zeigte ferner, daß jede Gruppe i von Jahr zu Jahr einen relativ konstanten Prozentsatz p_i ihres Aktivitätsniveaus E_i zum Einkauf von Behältern verwendete. Nachdem dieser Prozentsatz bekannt war, konnte die Gesamtnachfrage nach Behältern für einen zukünftigen Zeitpunkt nach der Formel

$$B = \sum_{i=1}^{n} p_i E_i \qquad (23)$$

projiziert werden. Diese Projektion wurde für jedes der nächsten 10 Jahre durchgeführt.

Als nächstes war die Entwicklung des Glasbehältermarktes innerhalb des Gesamtbehältermarktes zu untersuchen. Da der Glasbehältermarkt hauptsächlich durch das Aufkommen der Plastikbehälter bedroht schien, mußte der zu erwartende Grad der Substitution geschätzt werden. Hierzu erwies sich nun die Strukturierung in Kundengruppen als geradezu unentbehrlich. Was auf der Ebene des Gesamtumsatzes unmöglich gewesen wäre, erwies sich auf der Ebene der konkreten und überschaubaren Kundengruppen als durchaus durchführbar: Für jede Gruppe konnte durch Experten der etwa zu erwartende Substitutionsgrad s_i und damit der für Glasbehälter verbleibende Bruchteil $1 - s_i$ der Gesamtnachfrage geschätzt werden. Auch diese Schätzungen wurden für alle 10 Jahre und für alle Kundengruppen durchgeführt. Damit ergab sich die Nachfrage nach Glasbehältern nach der Formel

$$G = \sum_{i=1}^{n} (1 - s_i)\, p_i\, E_i \tag{24}$$

Ganz ähnlich wurde die dritte Strategie behandelt, die die Firma auf eine kleinere Zahl von Kundengruppen beschränkt hätte.

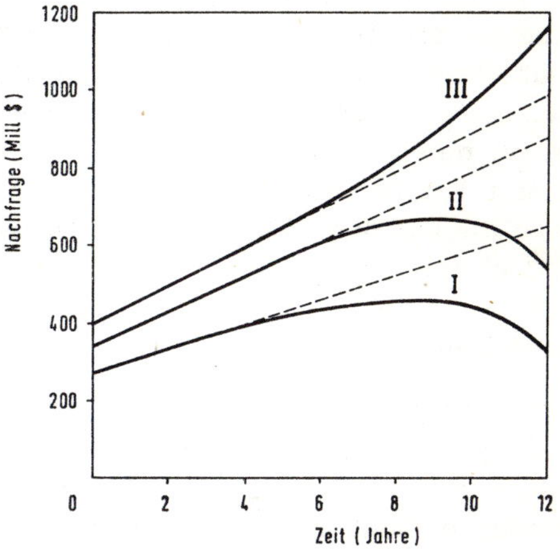

I = Glas, jetziger Markt
II = Glas, erweiterter Markt
III = Glas und Plastik

Abb. 7: Alternative Marktstrategien

Nun konnten die den drei Strategien entsprechenden Marktprojektionen einander gegenübergestellt und verglichen werden (s. Abbildung 7). Der Gesamtbehältermarkt zeigte ein befriedigendes Wachstum, der Glasbehältermarkt dagegen bis zum Ende des zehnten Jahres eine empfindliche Schrumpfung. Damit war der Streit entschieden: Die Firma entschloß sich, baldigst zu diversifizieren und die Produktion von Plastikbehältern aufzunehmen. Die Studie hatte sich weiter mit dem Erwerb von Firmen zu befassen, die auf dem neuen Gebiet bereits Erfahrung und Produktionsausrüstung besaßen.

Der Hauptbeitrag dieser Studie bestand darin, durch modellmäßige Behandlung eine logisch einwandfreie und zusammenhängende Strukturierung des Problems zu schaffen, die es den Experten ermöglichte, Schätzungen abzugeben und diese zu dem letztlich interessierenden Ergebnis der gesamten Umsatzentwicklung zusammenzufassen. Häufig sind Einzelinformationen und Vorstellungen vorhanden, aber es fehlt die Möglichkeit, sie in nützlicher und einwandfreier Weise zu einem Gesamtbild zu integrieren.

In jüngster Zeit ist die *Einführung neuer Produkte* genauer untersucht worden, insbesondere ob ein Produkt zu einem bestimmten Zeitpunkt eingeführt, verworfen oder aber die Entscheidung verschoben werden soll, um weitere Informationen oder Entwicklungsresultate zu gewinnen. Dem sequentiellen Charakter der Informationsgewinnung wird hier voll Rechnung getragen. Auch die Extrapolation von Testmarktresultaten ist verbessert worden. Auf dem Gebiet der *Preispolitik* wurden Preisentscheidungen für neue und bereits eingeführte Produkte untersucht. Hierbei waren insbesondere die Reaktionsmöglichkeiten der Konkurrenz und die damit verbundenen Wahrscheinlichkeiten subjektiv zu schätzen. Die modellmäßige Zusammenfassung der möglichen Abläufe im Markt zeigte den Gewinn als Folge alternativer Preisstrategien. Auch miteinander verflochtene Investitions- und Preisentscheidungen sind mit Erfolg untersucht worden. Eine große Chemiefirma verwirklichte genau die aus dem OR-Modell entwickelte optimale Strategie bezüglich Preis und Werksgröße.

Fall 9: Preisreduktion

In einem Chemieunternehmen bestanden Meinungsverschiedenheiten über die Zweckmäßigkeit einer Preissenkung in einer bestimmten Konkurrenzsituation. Insbesondere hatte die Konkurrenz gewisse Kapazitätserweiterungen geplant. Einige der Herren waren aber dennoch der Meinung, daß eine Preissenkung sich letztlich negativ auf die erzielbaren Gewinne auswirken würde. Es wurde daher beschlossen, mit Hilfe einer Spezialstudie die Auswirkungen verschiedener Preisreduktionen auf den Gewinn zu klären.

Wie in Fall 8 gilt es auch hier, die bei den Experten in irgendeiner Form vorhandenen Teilinformationen in eine logische, modellmäßige Gesamtstruktur zu bringen und zum Gesamtergebnis zusammenzufassen. Dies ist der eigentliche Beitrag einer OR-Studie bei dieser Art von Entscheidungssituationen.

Im vorliegenden Fall war zunächst die Struktur der Ereignisfolge zu klären, die durch eine Preisreduktion ausgelöst wurde. Sie ist in Abbildung 8 teilweise wiedergegeben. Die Ereignisfolge stellt eine logische Kette dar. Sie umfaßt alle direkten und indirekten Einflußgrößen des Gewinns und endet beim Gewinn selbst[1]). Um der Unsicherheit Rechnung zu tragen, sind für alle Einflußgrößen alternative Möglichkeiten vorgesehen. Diese müssen nun mit subjektiv geschätzten Wahrscheinlichkeiten versehen

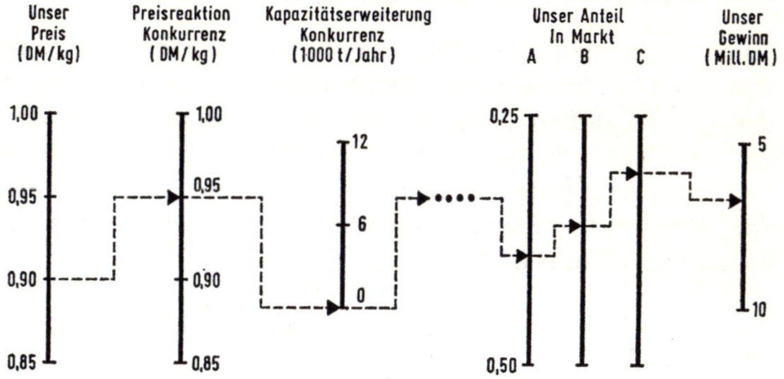

Abb. 8: Von einer Preisentscheidung ausgelöste Ereigniskette

werden. Dabei ist zu beachten, daß die Wahrscheinlichkeitsbelegungen selbst wieder davon abhängen, welche Werte von gewissen anderen Einflußgrößen angenommen werden. Als Beispiel betrachten wir die Preisreaktion der Konkurrenz. Der Konkurrenzpreis ist unsicher, aber die entsprechenden Wahrscheinlichkeiten hängen davon ab, welchen Preis unsere eigene Firma gewählt hat. Reduzieren wir etwa unseren Preis von 1,00 DM/kg (Ist-Zustand) auf 0,95 DM/kg, so könnten die Schätzungen wie in Tabelle 8 aussehen.

Tab. 8: Subjektive Wahrscheinlichkeitsverteilung

Konkurrenzpreis (DM/kg)	Wahrscheinlichkeit
1,00	0,05
0,95	0,70
0,90	0,25
0,85	0,00
—	1,00

[1]) Gemeint ist der Gewinn für die nächsten fünf Jahre.

Dies besagt, daß die Konkurrenz mit überwiegender Wahrscheinlichkeit der Preisreduktion folgen wird, und zwar wird sie mit 70%iger Wahrscheinlichkeit gleichziehen und mit 25%iger Wahrscheinlichkeit sogar eine Preisstufe tiefergehen. Daß überhaupt keine Preisreaktion erfolgt, wird nur mit 5%iger Wahrscheinlichkeit erwartet. Auf ähnliche Weise werden für alle unsicheren Größen Wahrscheinlichkeitsverteilungen geschätzt, und zwar je nach der Konstellation anderer, selbst unsicherer Größen jeweils verschiedene, z. B. eine Wahrscheinlichkeitsverteilung des Marktanteils in Markt A für jede Konstellation der Preise und Kapazitäten.

Durch mathematische Operationen ist es nun möglich, die geschätzten Unsicherheiten in einem einzigen Endresultat zusammenzufassen: Für jede der vier möglichen Preisentscheidungen unserer Firma kann die resultierende Wahrscheinlichkeitsverteilung des Gewinns für die nächsten fünf Jahre angegeben werden. Der einfachste Vergleich erfolgt mit Hilfe der Mittelwerte (Erwartungswerte) dieser Verteilungen. Ein typisches Resultat zeigt Tabelle 9.

Tab. 9: Ergebnistabelle

Unser Preis (DM/kg)	Erwartungswert des Gewinns (Mill. DM)
1,00	6,6
0,95	7,5
0,90	8,4
0,85	8,7

Unter den gemachten Voraussetzungen und Schätzungen scheint also eine Preisreduktion angezeigt. Das Risiko jeder der vier Preisentscheidungen kann mit Hilfe der vollen Wahrscheinlichkeitsverteilung des Gewinns analysiert werden.

Auch auf dem Gebiet der *Vertriebsorganisation* im weitesten Sinne liegen erfolgreiche Studien vor.

Fall 10: Absatzwege

Die folgende Studie der Absatzwege eines Unternehmens der Elektro-Industrie ist aufschlußreich. Die Firma war mit ihrem Wachstum und Marktanteil unzufrieden, konnte aber hinsichtlich Preis und Qualität ihrer Erzeugnisse und ihres Service keinen Unterschied zur Konkurrenz feststellen. Die Firma bediente Groß- und Einzelhändler, während die beiden erfolgreichsten Konkurrenten sich spezialisiert hatten: die eine Firma auf Einzelhandel, die andere auf Großhandel. Es war der untersuchten Firma unerfindlich, wie beide Konkurrenten mit diametral entgegengesetzten Absatzstrategien erfolgreicher sein konnten als die eigene Firma, die sich beider Absatzwege bediente. Erst ein mathematisches Modell brachte Licht in die Zusammenhänge.

Es ist vorauszuschicken, daß die Firma zuvor mit konventionellen Mitteln versucht hatte, die optimale Aufteilung ihrer 42 Vertreter auf Groß- und Einzelhandel zu ermitteln. Zur Zeit waren nur zwei Vertreter im Großhandel eingesetzt, die aber erhebliche Umsätze brachten. Mit Hilfe einer Vollkostenrechnung wurden die Gewinnbeiträge der Einzel- und Großhandelsvertreter verglichen. Da hierbei die Einzelhandelsvertreter in wesentlich günstigerem Licht erschienen, schien die Firma mit ihrer überwiegenden Spezialisierung auf Einzelhandel richtigzuliegen. Als Vorstufe einer OR-Untersuchung mußte offensichtlich erst einmal zur Deckungsbeitragsrechnung übergegangen werden. Schon diese Korrektur zeigte eine Umkehrung des Verhältnisses der geschätzten Gewinnbeiträge der Vertreter. Der Großhandel sollte also intensiviert werden. Hiermit ist daher eine Richtung angegeben. Da aber bei einer Umschichtung der Vertreter die Verhältnisse nicht linear extrapoliert werden dürfen, ist ein genaueres Modell erforderlich, wenn die gewinnoptimale Verteilung der Vertreter auf die Absatzwege ermittelt werden soll.

Das Umsatzpotential der Firma sei P_1 für den Einzelhandel und P_2 für den Großhandel. Die in den beiden Märkten einzusetzenden Vertreterzahlen seien entsprechend mit x und y bezeichnet, so daß $x + y = 42$. Schließlich seien a_1 und a_2 die Deckungsbeiträge (exklusive Vertriebskosten) je Einheit des Umsatzes und b_1 und b_2 die jährlichen Kosten je Vertreter in den beiden Märkten. In beiden Märkten besteht nun ein Zusammenhang zwischen der Zahl der eingesetzten Vertreter und dem Bruchteil des Potentials, der realisiert wird. Offenbar herrscht hierbei ein Gesetz abnehmen-

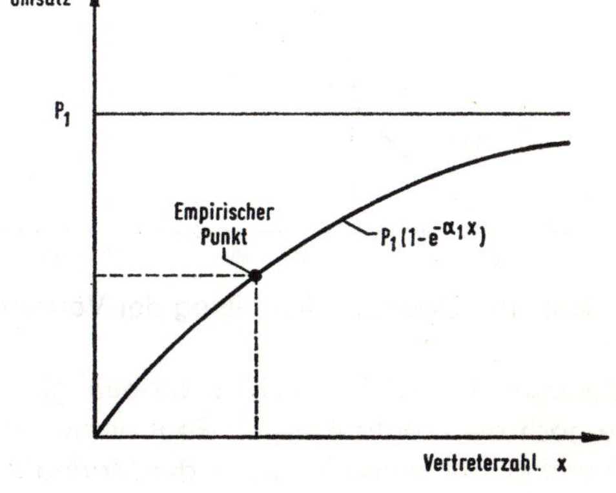

Abb. 9: Vertretereinsatz im Einzelhandel

der Erträge, dem durch Ansatz einer Exponentialfunktion Rechnung getragen wurde (s. Abbildung 9). Man kam so zu folgendem Modell für den jährlichen Gewinn:

$$(25) \quad G = a_1 P_1 (1 - e^{-\alpha_1 x}) + a_2 P_2 (1 - e^{-\alpha_2 y}) - b_1 x - b_2 y - F$$

wobei F die fixen Kosten des Unternehmens bezeichnet. Die Schätzung der Koeffizienten dieses Modells – teils subjektiv, teils objektiv – darf im einzelnen übergangen werden. Bei konstanter Vertreterzahl sind wir ferner an die Nebenbedingungen

$$(26) \quad \begin{aligned} x + y &= 42 \\ x, y &\geq 0 \end{aligned}$$

gebunden. Man kann nun errechnen, für welche Werte x und y der Gewinn unter Einhaltung der gegebenen Vertreterzahl maximiert wird. Die Antwort lautete in diesem Fall: $x = 19$ und $y = 23$. Damit ist erstmalig über den Grad der anzustrebenden Intensivierung des Großhandelsgeschäfts Auskunft gegeben.

Natürlich ist es verlockend, die Vertreterzahl (bisher 42) zu ändern und die Optimalrechnung zu wiederholen (s. Abbildung 10). Hierbei zeigt sich, daß bei höherer Vertreterzahl das Übergewicht auf den Einzelhandel, bei geringerer Zahl dagegen auf den Großhandel gelegt werden sollte. Diese Erkenntnis erklärte auch das Rätsel der Erfolge der beiden Konkurrenten mit diametral entgegengesetzten Strategien.

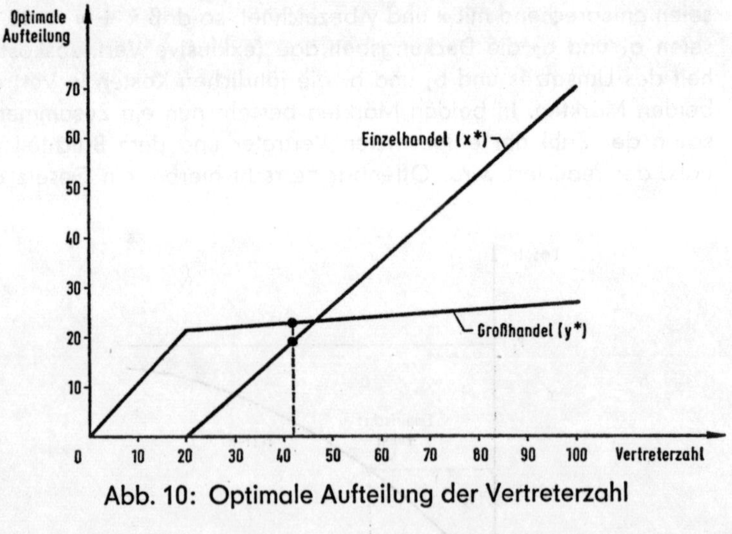

Abb. 10: Optimale Aufteilung der Vertreterzahl

Da das vorstehende Modell auf relativ groben globalen Überlegungen beruht, mußte noch die Möglichkeit der Realisierung der vorgeschlagenen Lösung auf Grund eingehenden Studiums der Marktdichte und der geographischen Verhältnisse untersucht werden. Es wurden Regeln zur Festlegung von Bezirksgrenzen und für die Zuteilung von Bezirken zur Großhandels- bzw. Einzelhandelssparte aufgestellt. Auf Grund dieser weiter gehenden Untersuchungen erwies sich die aus dem groben Modell gewonnene Lösung mit leichter Modifikation als realisierbar. Sie wurde auch durchgeführt und erbrachte trotz organisatorischer Schwierigkeiten und menschlicher Umstellungsprobleme ein Ansteigen der Umsätze bei gleichzeitigem Sinken der Vertriebskosten!

Ähnliche Modelle, wie sie hier für den Vertretereinsatz verwendet wurden, sind auch für den *Einsatz der Werbung* entwickelt worden.

Absatzpolitisch günstige *Standorte,* wie sie z. B. für Supermärkte und Tankstellen benötigt werden, sind mit Hilfe geeigneter Prognosemodelle bestimmt worden, ebenso die beste regionale Expansionsstrategie, wenn viele solcher Standorte gleichzeitig gewählt werden müssen.

Fall 11: Absatz und Standortwahl

Bei der Standortbeziehung von Supermärkten hat sich besonders das „Isochronenmodell" bewährt. Erfahrungsgemäß sinkt die Anziehungskraft eines Standortes mit der Zeit, die die Kunden zum Erreichen des Supermarktes benötigen. Aus der Erfahrung sind auch die Prozentsätze der Gesamtbevölkerung ungefähr bekannt, die nach Zeitaufwand noch als Kunden in Frage kommen. Will man verschiedene Standorte umsatzmäßig bewerten, so zieht man um jeden Standort eine Reihe von „Isochronen", d. h. Linien gleichen zeitlichen Aufwands, wie sie sich aus den Verkehrsverhältnissen ergeben (s. Abbildung 11). Ferner ist eine Erfassung

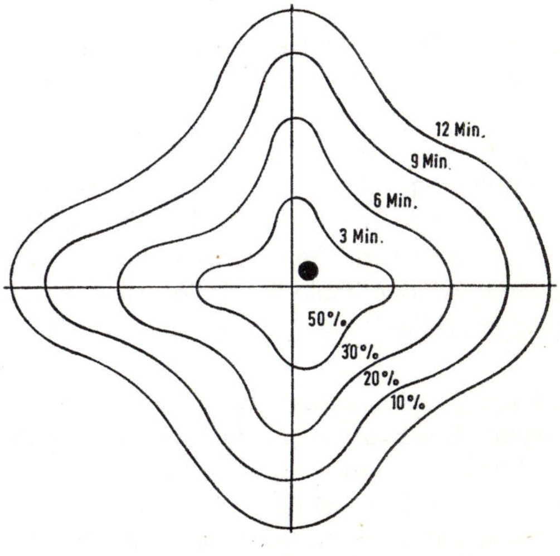

Abb. 11: Isochronen für einen Supermarkt an einer Kreuzung (mit Zugkraftprozentsätzen)

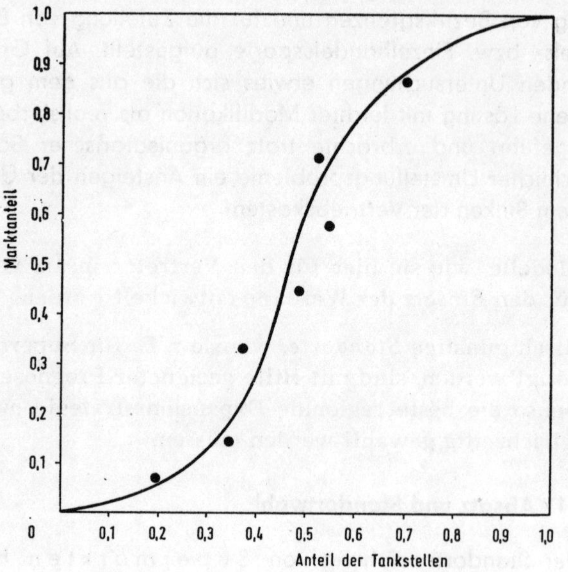

Abb. 12: Ertragskurve für Investitionen im Tankstellensystem (ein empirischer Punkt je Marktbezirk)

der geographischen Verteilung der Bevölkerungsdichte im Stadtgebiet notwendig. Damit ist es möglich, nach den zuvor erwähnten Kundenprozentsätzen für jeden Isochronenbereich den Umsatz zu prognostizieren. Ein auf diese Weise geplanter Supermarkt erreichte tatsächlich den prognostizierten Umsatz und überschritt damit planmäßig den Break-even-Punkt.

Das OR-Team einer Ölfirma stellte fest, daß die Erweiterung des Tankstellennetzes regional sehr verschiedene Erträge brachte und daß der marginale Zuwachs je Tankstelle sehr stark davon abhing, welchen Anteil an der Gesamtzahl der Tankstellen einer Region die Firma bereits besaß (s. Abbildung 12). Diese neuartige Relation zwischen Marktanteil und Tankstellenanteil in einem Bezirk gab die Grundlage des Modells ab. Ist die Expansionstätigkeit durch ein Gesamtbudget beschränkt, so kann jetzt die gewinnoptimale Expansionsstrategie für die Gesamtheit der Marktbezirke mit Hilfe des Modells ermittelt werden.

Auf dem Gebiet der *Werbung* sind mit Hilfe von Modellen und der dazugehörigen Experimente erhebliche Fortschritte in der Beurteilung der Wirksamkeit der Werbung gemacht worden. Daraus ergeben sich entsprechende Entscheidungshilfen. Die Entwicklung brauchbarer Modelle auf dem Gebiet der Werbung setzt ein Maß an Einsicht in die Werbewirksamkeit voraus, das nur gewonnen werden kann, wenn mit der naturwissenschaftlichen Methode des Experiments auch auf diesem so stark vom menschlichen Verhalten bestimmten Gebiet Ernst gemacht wird, wenn also messende Beobachtung und daraus resultierende Theorie an die Stelle abstrakter Hypothesen und Meinungen treten. Relativ unabhängige geographische Bezirke werden verschiedenen Werbeintensitäten unterworfen, wobei Steigerungen auf 200 % und 300 % des bisher üblichen Aufwands vorkommen. Aus den beobachteten Wirkungen auf Marktanteile und Umsätze ergeben sich die ersten Grundlagen für eine Modellkonstruktion. Das Gesetz abnehmender Erträge kann in erster Näherung in Form einer Kurve erfaßt werden, so daß Anhaltspunkte für die gewinnoptimale Bemessung etwa eines nationalen Werbebudgets entstehen. Hierbei wird die Annahme gemacht, daß die durchschnittliche Qualität der Werbung im Experiment den zukünftigen Verhältnissen entspricht.

Fall 12: Werbung

Nehmen wir etwa an, wir hätten für die Dauer eines Jahres ein Simultanexperiment in den geographischen Bezirken $i = 1, \ldots, n$ durchgeführt. Unser Werbeaufwand in Bezirk i war x_i. Ferner sei der Werbeaufwand y_i der Konkurrenz im gleichen Zeitraum beobachtet worden. Schließlich haben wir als Werbeeffekt unseren Marktanteil α_i festzuhalten. Der Gesamtumsatz aller Firmen sei U_i (Marktpotential im Bezirk i). Da die Ausgangspositionen in den verschiedenen Bezirken unterschiedlich sind, scheint es sinnvoll, die Änderung $\Delta\alpha_i$ des Marktanteils zu den Werbemaßnahmen der Firmen in Beziehung zu setzen und ferner den Aufwand relativ zur Größe des jeweiligen Umsatzes zu messen. Man kommt so beispielsweise zu dem folgenden allgemeinen Ansatz (der Index i bleibt also fort):

$$(27) \qquad \Delta\alpha = a \log \frac{x/\alpha U}{y/(1-\alpha)\,U} + b$$

Hierbei sind a und b Konstante, die log-Funktion wurde mit Rücksicht auf das Gesetz abnehmender Erträge gewählt. An Hand der n Testbeobachtungen läßt sich dieser Ansatz prüfen (s. Abbildung 13), und wenn er sich als gültige Approximation erweist, können die Konstanten a und b bestimmt werden, z. B.

$$(28) \qquad \Delta\alpha = 2{,}9507 \log \frac{x/\alpha U}{y/(1-\alpha)\,U} - 5{,}8698$$

Dieses Modell kann nun als Planungsgrundlage für das gesamte Werbebudget der Firma dienen. Sind Gesamtmarkt U und Werbeaufwand y der Konkurrenz vorausgeschätzt, so kann für jede Änderung $\Delta\alpha$ unseres Marktanteils der hierzu nötige Werbeaufwand x berechnet werden. Man erhält damit eine Beziehung zwischen Werbeaufwand und Umsatz (Werbereaktionskurve) und kann nun den Punkt abnehmender Erträge leicht bestimmen. Das Zahlenbeispiel der Tabelle 10 zeigt, wie wegen der

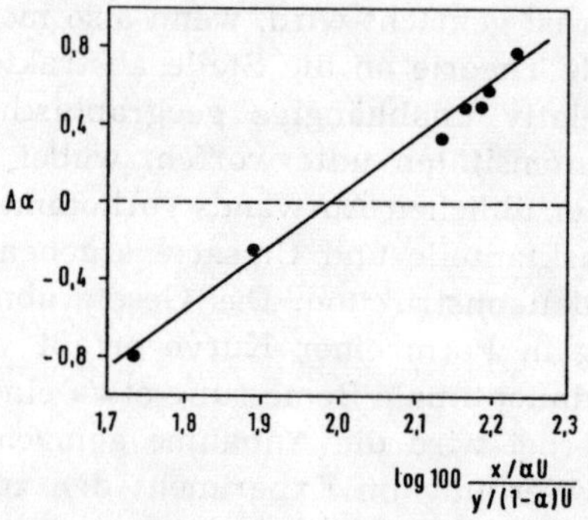

Abb. 13: Änderung des Marktanteils im Werbetest
(ein empirischer Punkt je Testbezirk)

Tab. 10: Optimierung des Werbeaufwands
(Spalten 2 bis 5 in Mill. DM)

Markt-anteil	Umsatz	Kosten exkl. Werbung	Werbung	Gewinn
0,15	73,6	64,2	0,2	9,2
0,16	78,4	65,6	0,4	12,4
0,17	83,4	67,0	0,8	15,6
0,18	88,2	68,2	1,8	18,2
0,19	93,2	69,4	4,4	**19,4**
0,20	98,0	70,4	10,2	17,4
0,21	103,0	71,8	23,8	7,4
0,27	107,8	72,6	55,0	−19,8

log-Funktion jede gleiche Zunahme des Marktanteils mit größerem Werbeaufwand erkauft werden muß. Es lohnt sich daher gewinnmäßig nicht, über einen Marktanteil von 19 % hinauszugehen.

Im Wechselspiel von Experiment und Theorie konnten die Werbemodelle *einer Konsumgüterfirma* bedeutend verfeinert werden. Jede bereits vorhandene Modelltheorie legt gewisse Experimente zu ihrer Prüfung nahe, und jedes experimentelle Ergebnis weist Wege zur Verbesserung der Theorie. So trat bei einer experimentellen Runde, für alle Beteiligten völlig unerwartet, bei einer Steigerung der Werbeintensität ein starkes Absinken des Umsatzes ein, bei noch höherer Intensität dagegen wieder ein Ansteigen. Das OR-Team stellte folgende verfeinerte Theorie auf: Es handelt sich um die Überlagerung von zwei verschiedenen Werbereaktionskurven, die zwei verschiedenen Einkommensklassen von Verbrauchern entsprechen. Während bei einer gewissen Intensität die eine Klasse bereits überreizt ist und negativ reagiert, ist für die andere die Schwelle der vollen Reaktion noch nicht erreicht. Damit liegt eine Differenzierung des Modells nach Einkommensklassen sowie eine nach Einkommensklassen gezielte, differenzierte Werbung nahe. Am Ende dieser Bemühungen war ein Modell zustande gekommen, das der Firma den Weg zur Umstrukturierung ihrer Werbetätigkeit wies. Das praktische Ergebnis war eine deutliche Steigerung der Wachstumsrate gegenüber der Konkurrenz bei gleichzeitiger Reduktion des Werbeaufwands.

6. Forschung und Entwicklung

Auf dem Gebiet der Forschung und Entwicklung hat besonders die *Netzplantechnik* von sich reden gemacht. Sie dient zur terminlichen Überwachung komplexer Projekte, die aus vielen Einzelphasen bestehen. Die Netzplantechnik wurde im Zusammenhang mit der *Entwicklung der Polaris-Rakete* geschaffen und erstmals eingesetzt. Seitdem hat sie bei vielen Großprojekten Verwendung gefunden.

Das Verfahren beginnt damit, daß das Gesamtprojekt systematisch in seine einzelnen Arbeitsgänge zerlegt wird, wobei die Feinheit der Zerlegung je nach dem Grad der gewünschten Kontrolle zu wählen ist. Die Arbeitsgänge werden dann in einem Diagramm als Pfeile dargestellt, und zwar derart, daß aneinander anschließende Arbeitsgänge als aneinander anschließende Pfeile erscheinen (s. Abbildung 14). Der Netzplan ist also so zu interpretieren, daß kein eingezeichneter Arbeitsgang stattfinden kann, ehe nicht alle seine unmittelbaren „Vorgänger", dargestellt durch die unmittelbar nach rückwärts anschließenden Pfeile, verwirklicht sind. An den „Startpunkt" des Diagramms schließen also unmittelbar alle Arbeitsgänge an, die sofort durchgeführt werden können, ohne auf den Abschluß irgendeines anderen Arbeitsganges warten zu müssen. Die letzten Arbeitsgänge münden in den „Endpunkt" des Netzplans ein. Das Diagramm wird schließlich ergänzt durch Schätzungen der zeitlichen Dauer jedes Arbeitsganges.

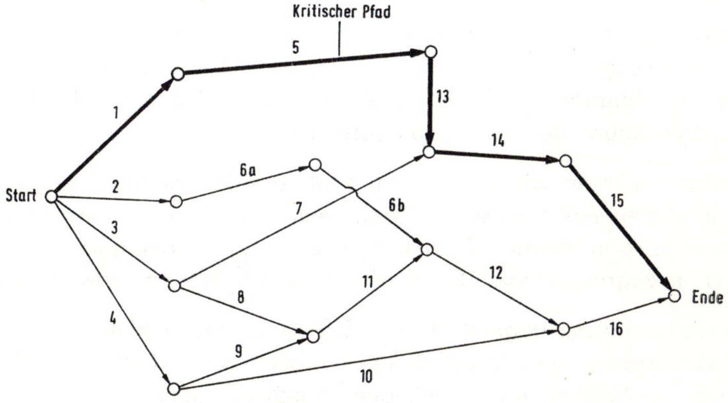

Abb. 14: Netzplan mit 16 Arbeitsgängen

Nun kann erst die Frage genauer beantwortet werden, in welcher Zeit das ganze Projekt durchführbar ist. Die hierzu erforderliche Mindestzeit ist offenbar bestimmt durch den längsten Pfad zwischen Start- und Endpunkt des Netzplans, den *„kritischen Pfad"*. Dieser kann durch Berechnungen identifiziert werden, die gewöhnlich elektronisch durchgeführt werden müssen. Für die Terminkontrolle ist der kritische Pfad von ganz besonderer Bedeutung. Soll das Projekt in minimaler Zeit vollendet werden, so müssen alle Arbeitsgänge des kritischen Pfads lückenlos aufeinander folgen und die geplante Dauer einhalten. Hier müssen also Kontrolle und Überwachung konzentriert sein und im Falle eines Verzugs Korrekturen und Beschleunigungen einsetzen. Jede Verspätung eines kritischen Arbeitsganges wirkt sich auf das Gesamtprojekt verspätend aus. Dagegen besteht für die übrigen Arbeitsgänge ein zeitlicher Spielraum, eine sogenannte „Pufferzeit". Verschiebungen oder Verspätungen innerhalb der Pufferzeiten wirken sich nicht verspätend auf das Gesamtprojekt aus. Die Pufferzeiten werden ebenfalls berechnet und geben weitere wertvolle Hilfen für die Überwachung und Manipulation der übrigen Arbeitsgänge.

7. Investition

Ein besonders wichtiges Anwendungsgebiet der Unternehmensforschung ist die *Investitionsplanung.* Ein wesentlicher Fortschritt in der Beurteilung einzelner Investitionsprojekte ist die sogenannte *Risikoanalyse,* die an die Stelle einer einzigen Zahl für das Entscheidungskriterium (z. B. der Rendite) eine Wahrscheinlichkeitsverteilung und damit eine Beschreibung des Risikos setzt. Diese Wahrscheinlichkeitsverteilung wird durch Übersetzung der Unsicherheiten der Ausgangsdaten in die dadurch bedingte Unsicherheit der Rendite gewonnen. Die Rechnung wird gewöhnlich elektronisch durchgeführt.

Fall 13: Risikoanalyse bei Investitionsvorhaben

In einer C h e m i e - F i r m a stand zur Entscheidung, ob ein im Laboratorium entwickeltes Erzeugnis auf den Markt gebracht werden sollte. Hierzu war die Rentabilität der erforderlichen Investitionen unter besonderer Berücksichtigung des Risikos zu beurteilen.

Zunächst müssen wir uns für ein Maß der Rentabilität entscheiden. Im vorliegenden Fall wurde die Kapitalwertrate gewählt, man könnte aber ebensogut den internen Zinsfuß oder ein anderes geeignetes Investitionskriterium zugrunde legen. Die Methode ist in jedem Fall anwendbar.

Die Risikoanalyse beginnt mit der Erfassung aller Einflußgrößen, die sich auf den Zahlungsstrom auswirken. Beginnen wir mit den Einnahmen, die wir der Einfachheit halber mit den Umsätzen identifizieren. Je nach der Prognosemethode, die man zur Schätzung der Umsätze benutzen will,

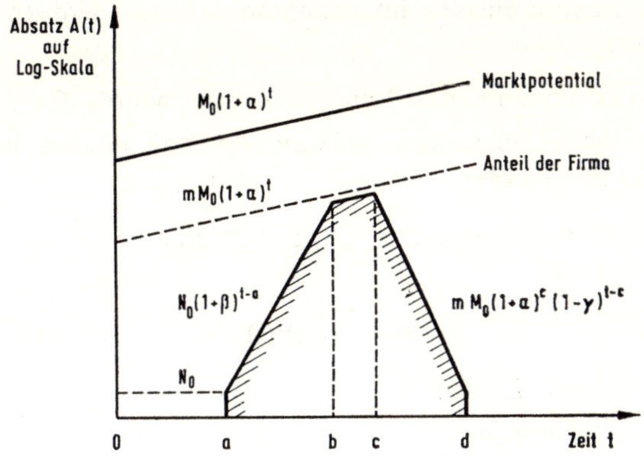

Abb. 15: Lebenskurve eines neuen Produkts

kommen ganz verschiedene Einflußgrößen in Frage. Beispielsweise könnte man sich die Marktentwicklung nach dem Gedankenschema der Lebenskurve wie in Abbildung 15 vorstellen. Demnach ließe sich der Einnahmenstrom aus den folgenden Einflußgrößen berechnen:

M_0 = gegenwärtiges Marktpotential für alle Firmen (ME)

N_0 = Absatz unserer Firma im Startjahr (ME)

α = jährliche Wachstumsrate des Marktpotentials (Dezimalbruch)

β = jährliche Wachstumsrate des Absatzes während der Wachstumsphase (Dezimalbruch)

γ = jährliche Verfallsrate des Absatzes während der Verfallsphase (Dezimalbruch)

m = erreichbarer Marktanteil der Firma in der Sättigungsphase (Dezimalbruch)

a = geplanter Zeitpunkt des Markteintritts

b = Zeitpunkt der Sättigung

c = Beginn der Verfallsphase

d = Ende der Lebenskurve

p_t = Verkaufspreis im Jahr t (GE/ME)

Wären diese Größen sämtlich bekannt, so ergäbe sich die Zeitreihe der Absätze A (t) wie folgt (s. Abbildung 15):

$$A(t) = \begin{cases} N_0(1+\beta)^{t-a} & \text{für } a \leq t \leq b \\ mM_0(1+\alpha)^t & \text{für } b \leq t \leq c \\ mM_0(1+\alpha)^c(1-\gamma)^{t-c} & \text{für } c \leq t \leq d \end{cases} \tag{29}$$

Die Einflußgrößen können voneinander abhängen, z. B. m von p_t oder b und d von den übrigen Größen.

Auf der Ausgabenseite interessieren uns bei einfachster Kostenstruktur die Einflußgrößen

I_t = Investitionen in den Jahren vor Markteintritt (GE),

v_t = laufende Ausgaben je Mengeneinheit in den Jahren nach Markteintritt (GE/ME).

Der Nettozahlungsstrom Z (t) ergibt sich damit nach der Formel

$$Z(t) = \begin{cases} -I_t & \text{für } 0 \leq t \leq a-1 \\ (p_t - v_t)\,A(t) & \text{für } a \leq t \leq d \end{cases} \tag{30}$$

Auf Grund der Zahlen für Z (t) läßt sich der zugehörige Wert des gewählten Investitionskriteriums, also der Kapitalwertrate, errechnen.

Der Grundgedanke der Risikoanalyse ist nun der, den vorstehenden Rechnungsgang mehrfach zu wiederholen und dabei die Unsicherheit der Einflußgrößen dadurch zu berücksichtigen, daß den Einflußgrößen unterschiedliche in Betracht kommende Zahlenwerte beigelegt werden. Daraus ergibt sich dann hier eine Aussage über die Unsicherheit der Kapitalwertrate.

Zunächst wird für die Risikoanalyse die Unsicherheit jeder Einflußgröße mit Hilfe einer von Experten zu schätzenden subjektiven Wahrscheinlichkeitsverteilung charakterisiert[1]). Beispielsweise könnte die Schätzung der Wahrscheinlichkeitsverteilung für das Marktpotential M_0 wie in Tabelle 11 aussehen:

Tab. 11: Subjektive Wahrscheinlichkeitsverteilung

Marktpotential M_0 in 1000 Stück	Wahrscheinlichkeit der Überschreitung
100	0,95
120	0,80
140	0,50
160	0,30
180	0,15
200	0,05

Bei der Schätzung solcher Verteilungen sind gegenseitige Abhängigkeiten zu berücksichtigen, z. B. wären für die Marktdurchdringungsrate β alternative Verteilungen in Abhängigkeit von Preis und Werbeaufwand zu schätzen.

Sind die Verteilungen aller Einflußgrößen aufgestellt, so kann mit Hilfe mathematischer Operationen die Wahrscheinlichkeitsverteilung der Kapitalwertrate berechnet werden. Sie könnte wie in Tabelle 12 aussehen.

[1]) Entscheidungsvariable wie Preise p_t scheiden hier natürlich aus.

Tab. 12: Deduzierte Verteilung des Investitionskriteriums

Kapitalwertrate in %	Wahrscheinlichkeit der Überschreitung
0	0,98
5	0,95
10	0,80
15	0,70
20	0,50
25	0,10
30	0,05

Die Firma kann daraus z. B. entnehmen, daß eine Rate von 10 % oder mehr mit 80%iger Wahrscheinlichkeit erzielt werden kann und daß die Wahrscheinlichkeit eines Verlustes (negative Rate) 2 % beträgt. Besonders anschaulich ist die graphische Darstellung solcher „Risikoprofile". Wie Abbildung 16 (untere Hälfte) zeigt, können sie für zwei Projekte A und B sehr verschieden aussehen. Für A ist eine Überschreitung von 7 % recht unwahrscheinlich, andererseits ist ein Verlust (Unterschreitung von 0 %) praktisch ausgeschlossen. Für B dagegen existiert eine deutliche Verlustwahrscheinlichkeit, aber auch die Wahrscheinlichkeiten höherer Resul-

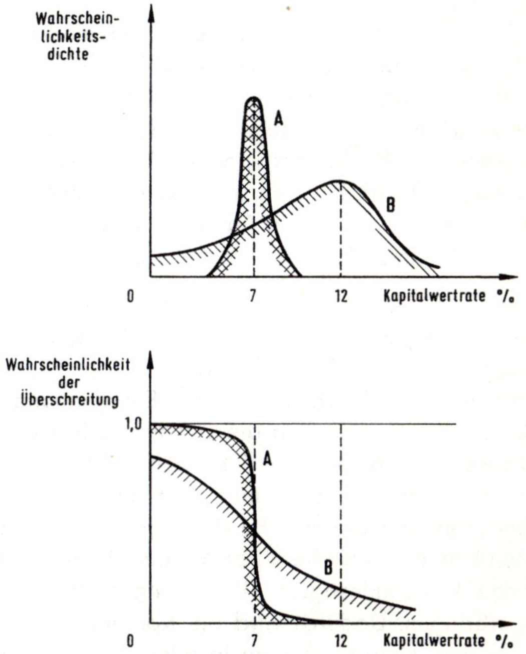

Abb. 16: Risikoprofile für Projekte A und B

tate sind größer. Die obere Hälfte der Abbildung 16 zeigt die zugehörigen „Wahrscheinlichkeitsdichten", die durch die Fläche unter der Kurve die Wahrscheinlichkeit angeben, daß das Ergebnis in einem bestimmten Bereich liegt. Wir erkennen, daß das wahrscheinlichste Ergebnis für B bei 12 % liegt, für A dagegen bei nur 7 %. Dem höheren Anreiz entspricht ein höheres, nun aber meßbares Verlustrisiko.

Das Beispiel zeigt besonders deutlich, daß die Entscheidungsbefugnis bei der Unternehmensleitung verbleibt. Es werden ihr lediglich fundierte Unterlagen zur Beschreibung des Risikos gegeben.

Besonders fruchtbar wird die Unternehmensforschung, wenn über mehrere Projekte simultan entschieden werden muß, wobei Verflechtungen und Wechselwirkungen zu berücksichtigen sind. Es leuchtet ein, daß hier mathematische Modelle überlegene Dienste leisten können. Das Problem tritt z. B. dann auf, wenn eine Firma einen Absatz- oder Produktionsplan aufgestellt hat und zu seiner Verwirklichung eine *Kombination verschiedener Technologien* benutzen kann. Beispiele wären die optimale Kombination einer Lufttransportflotte aus verschiedenen Flugzeugtypen, die optimale Mischung von Kraftwerkstypen in der Elektrizitätswirtschaft oder von Mehrzweckanlagen in der Fertigung.

Fall 14: Kostenoptimale Kombination von Technologien

Als Beispiel verflochtener Investitionsprojekte, die nicht mit Hilfe der konventionellen Wirtschaftlichkeitsrechnung einzeln beurteilt werden dürfen, betrachten wir die Kraftwerksplanung in der Elektrizitätswirtschaft. In einer bestimmten Planungssituation bei Électricité de France standen 5 Kraftwerkstypen zur Wahl, die das ganze Spektrum vom Staudammkraftwerk bis zum atomaren Kraftwerk umfaßten. Ziel der OR-Studie war es, die optimalen Anzahlen $x_1, \ldots, x_5$ der einzelnen Typen zu bestimmen, die eingeplant werden sollten.

Planungsbasis war ein bestimmtes Lieferprogramm für Elektrizität, wie es für den der Planung zugrundeliegenden zukünftigen Zeitpunkt als Marktbedarf prognostiziert war. Das Charakteristische ist, daß das Lieferprogramm nicht nur die jährlich gewünschte Energiemenge C, sondern auch gewisse Spitzenleistungen, etwa die Leistung B in den kritischsten Monaten und die Leistung A in den kritischsten Tagen des Jahres, beinhaltet (s. Tabelle 13). Entscheidend ist nun, daß die einzelnen Kraftwerkstypen im Verhältnis sehr unterschiedliche Beiträge zu den drei Planzielen A, B und C leisten können. Typischerweise können die hinsichtlich der jährlichen Energiemenge kostengünstigsten Erzeugungsarten keine hohen Spitzenleistungen erbringen. Dadurch wird die Kombination eines Kraftwerkprogramms, das dem Lieferprogramm in allen Aspekten Genüge leistet und kostenoptimal ist, zum schwierigen Problem.

Tab. 13: Investitionsplanung für Kraftwerke

Typ	Dampf	Fluß	Staubecken	Gasturbine	Gezeiten	Summenspalte
Anzahl Einheiten	x_1	x_2	x_3	x_4	x_5	–
Kosten/Einheit	136[1]	56	101	104	79	= K (Mrd. FF)
A. Leistung – Spitzenmonate	a_1[2]	a_2	a_3	a_4	a_5	$\geq$ 1,692 Mill. MW
B. Leistung – Spitzentage	1,15 a_1	1,10 a_2	1,20 a_3	3,00 a_4	2,13 a_5	$\geq$ 2,307 Mill. MW
C. Energie – Jahreserzeug.	7,00 a_1	12,60 a_2	1,30 a_3	7,35 a_4	5,47 a_5	$\geq$ 7200 Mill. kWh
Sofort-Investition/ Einheit	r_1	r_2	r_3	r_4	r_5	$\leq$ R (Mrd. FF)

[1]) Kapitalisierte Ausgaben in Mrd FF; ebenso könnten jährliche Kosten betrachtet werden.

[2]) Nur die Verhältnisse der Beitragskoeffizienten sind angegeben. Die absoluten Leistungen a_i sind offengelassen, doch sind jeweils die Einheiten der Summenspalte zu verwenden. Die Daten eines Atomkraftwerks lauten etwa wie die des Flußkraftwerks.

Die mathematische Formulierung muß mit einer systematischen Erfassung aller „zulässigen" Kombinationen beginnen, die also den im Lieferprogramm enthaltenen Bedarfsforderungen genügen. Aus diesen ist dann die kostengünstigste durch mathematische Operationen auszuwählen. Wir bezeichnen für jeden Kraftwerkstyp $i = 1, \ldots, 5$ den Beitrag, den ein Aggregat dieser Art zu den drei Planzielen leisten kann, mit a_i, b_i und c_i. Dann sind offenbar alle Investitionsprogramme $x_1, \ldots, x_5$ zulässig, die den folgenden Ungleichungen genügen (s. Tabelle 13):

$$\begin{aligned} a_1x_1 + a_2x_2 + \ldots + a_5x_5 &\geq A \\ b_1x_1 + b_2x_2 + \ldots + b_5x_5 &\geq B \\ c_1x_1 + c_2x_2 + \ldots + c_5x_5 &\geq C \end{aligned} \tag{31}$$

Die jährlichen Kosten (inklusive Abschreibungen) für ein Aggregat vom Typ i seien k_i, die erforderlichen Sofortinvestitionen r_i. Dann sind die jährlichen Kosten eines beliebigen zulässigen Programms durch

$$K = k_1x_1 + k_2x_2 + \ldots + k_5x_5 \tag{32}$$

gegeben. Möglicherweise ist die Menge der zulässigen Programme noch durch ein Investitionsbudget R eingeschränkt:

$$r_1 x_1 + r_2 x_2 + \ldots + r_5 x_5 \leq R \tag{33}$$

Die Kostenfunktion ist unter Einhaltung aller Nebenbedingungen zu minimieren, wobei zu beachten ist, daß die Entscheidungsvariablen x_i nur nichtnegative ganze Zahlen sein dürfen. Wir sind damit auf ein Problem der sogenannten ganzzahligen linearen Programmierung gestoßen.

Es ist besonders naheliegend, mit Hilfe solcher Modelle zu untersuchen, wie sich das kostenoptimale Programm ändert, wenn die unsicheren Prognosen der Planziele A, B und C geändert werden. Man kann auf diese Weise jedenfalls feststellen, welche Mindestzahlen der einzelnen Kraftwerkstypen einzuplanen sind. Ferner kann der Einfluß einer Erhöhung oder Kürzung des Budgets für Sofortinvestitionen auf die späteren jährlichen Kosten in aufschlußreicher Weise studiert werden.

Standortfragen sind hier zunächst ausgeklammert: Es handelt sich um ein aggregiertes Planungsmodell auf der Basis des gesamten Marktgebiets. Ganz ähnliche Modelle können zur Kombination von Mehrzweckanlagen in Fertigungsbetrieben konstruiert werden.

Häufig treten als weitere Komplikation noch *Standortprobleme* hinzu. So kommen mathematische Probleme zustande, die den Rahmen der herkömmlichen Wirtschaftlichkeitsrechnung sprengen. Diese kann sogar zu Fehlentscheidungen führen. Selbstverständlich sind auch hier verbesserte Prognosemethoden von besonderer Bedeutung.

Häufig sind bei Anlageinvestitionen zugleich die Auswirkungen auf zukünftige Möglichkeiten der Gestaltung des Distributionsflusses oder des Produktionssortiments zu berücksichtigen. Im ersten Fall muß das Problem der Standortwahl in die Modelle einbezogen werden, im zweiten Fall werden wir zur simultanen Produktionsplanung und Investitionsplanung geführt.

Fall 15: Investition und Standort

In einem Fall aus der Konsumgüterindustrie waren fünf zusätzliche Produktionsstätten zu planen. Etwa 50 Standorte standen zur Wahl. Da die Werksgrößen bereits vorentschieden waren, war das Planungsziel die Minimierung der Distributionskosten im Gesamtsystem aller Werke, bezogen auf den Planungszeitpunkt. Nach früheren Ausführungen war also für jede mögliche Standortbeziehung der fünf neuen Werke das „klassische Transportproblem" für das Gesamtsystem aller Werke zu lösen. Damit wird jeder Standortwahl der kostengünstigste Verteilungsplan zugeordnet. Schließlich ist aus der Menge aller so berechneten Pläne wiederum der kostengünstigste auszusuchen. Wir haben bis heute noch nicht die mathematischen Hilfsmittel, um die Wahl der Standorte und den Verteilungsfluß simultan zu optimieren. Daher muß das Problem in der beschriebenen Weise in zwei Stufen zerlegt werden. Die Lösung des Transportproblems für eine gezielte Auswahl von Standortalternativen führt aber auf eine gute Näherungslösung des Gesamtproblems.

Wenn die Kapazitäten der neuen Werke nicht vorentschieden sind, so tritt sowohl die Zahl der neuen Werke als auch ihre Größe zu den Entschei-

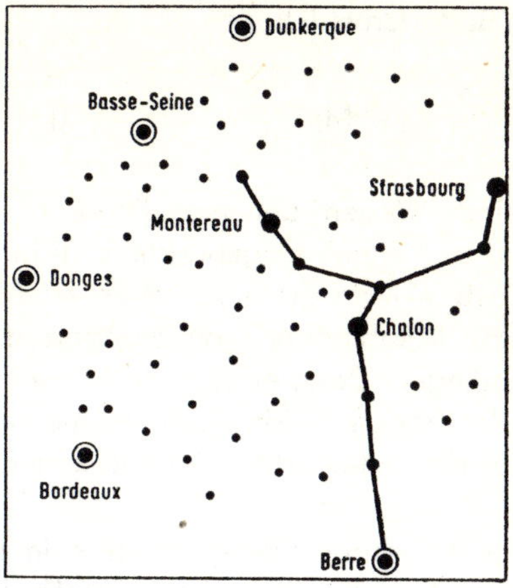

Abb. 17: Raffineriekomplex und Verbrauchspunkte als Strukturgerüst
für Flußoptimierung
Pipeline als Alternative für neue inländische Raffinerien

dungsvariablen hinzu (s. Abbildung 17). Das Problem kann aber in ähnlicher Weise in zwei Stufen zerlegt und einer Näherungslösung zugeführt werden. Wir bezeichnen die möglichen Standorte der Werke mit $i = 1, \ldots, n$ und die Verbrauchspunkte mit $j = 1, \ldots, m$. Ferner seien

a_i = fixe Kosten des Werkes i (wenn es errichtet wird!)

b_i = variable Kosten des Werkes i je Einheit des Ausstoßes

c_{ij} = Transportkosten je Einheit des Ausstoßes von Werk i zum Verbrauchspunkt j

M_j = Marktbedarf des Verbraucherpunktes j im Planungsjahr (in ME)

x_{ij} = jährliche Versandmenge von Werk i nach Verbrauchspunkt j

Rohmaterialkosten seien standortunabhängig, so daß sie außer Betracht bleiben können. Planen wir, die Werke voll auszulasten, so ist die Kapazität von Werk i durch

(34) $$x_i = \sum_{j=1}^{m} x_{ij} \qquad (i = 1, \ldots, n)$$

gegeben. Wenn kein Werk i errichtet wird, so gilt $x_i = 0$. Demnach errechnen sich die fixen Kosten f_i nach der allgemeinen Formel

(35) $$f_i(x_i) = \begin{cases} 0 & \text{für } x_i = 0 \\ a_i & \text{für } x_i > 0 \end{cases}$$

Für bereits existierende Werke hat man $f_i(x_i) = a_i$ zu setzen. Die gesamten jährlichen Kosten für Werke und Transport lauten nun

(36) $$C = \sum_{i=1}^{n} [f_i(x_i) + b_i x_i] + \sum_{i=1}^{n} \sum_{j=1}^{m} c_{ij} x_{ij}$$

wobei noch die Bedarfsrestriktionen

(37) $$\sum_{i=1}^{n} x_{ij} \geq M_j \qquad (j = 1, \ldots, m)$$

zu beachten sind. Wegen der nicht-linearen Sprungfunktionen im Fixkostenteil ist das Minimierungsproblem nicht mehr mit linearer Programmierung lösbar. Man greift zur oben erwähnten Stufenzerlegung. Es wird jeweils eine Kombination von Standorten ausgewählt, so daß die fixen Kosten festliegen. Dann erfolgt die Minimierung der Transportkosten mit bekannten Methoden. Beide Kostenelemente werden addiert, und die kostengünstigste der untersuchten Möglichkeiten wird identifiziert.

Probleme dieser Art wurden beispielsweise in der französischen Ölindustrie untersucht, wobei allerdings die Rohstoffzulieferung ebenfalls modelliert werden mußte (s. Abbildung 17). Die geschilderte Vorgehensweise gestattete die kostenoptimale Gestaltung des Raffineriekomplexes hinsichtlich Standort und Kapazitätsverteilung sowie die entsprechende Wahl von Transportmitteln (Pipelines oder konventioneller Transport) und Organisation des Distributionsflusses.

8. Finanzierung

Auch im *Finanzbereich* liegen erste Anwendungen der Unternehmensforschung vor, so besonders in der Reduktion von Barreserven und der optimalen Kombination von Finanzierungsmöglichkeiten bei gegebenem Finanzbedarf. Hierbei werden Konditionen, Zahlungsbedingungen usw. in wirklichkeitsgetreuer Weise in das Modell einbezogen. Die optimale Kombination von Krediten unter Einhaltung von Liquiditätsrestriktionen kann mit Hilfe der linearen Programmierung berechnet werden[1]).

Fall 16: Gelddisposition

Das Problem der Bewirtschaftung von Bargeld ist dem der Lagerhaltung, wie es schon früher besprochen wurde, analog. Zunächst muß eine Prognose des Zahlungsbedarfs durchgeführt werden. Die Beschaffung barer Mittel, etwa durch Liquidation von Wertpapierbeständen, entspricht der Einlagerung. Die Haltung von Barbeständen verursacht Zinsverluste und damit Kosten, die den Lagerhaltungskosten analog sind. In diesem Sinne wurden in einer Firma Lagerhaltungsmodelle zum Zwecke der wirtschaft-

[1]) Ein deutsches Großunternehmen reduzierte mit Hilfe dieses Modells seine Zinskosten um einige Millionen DM.

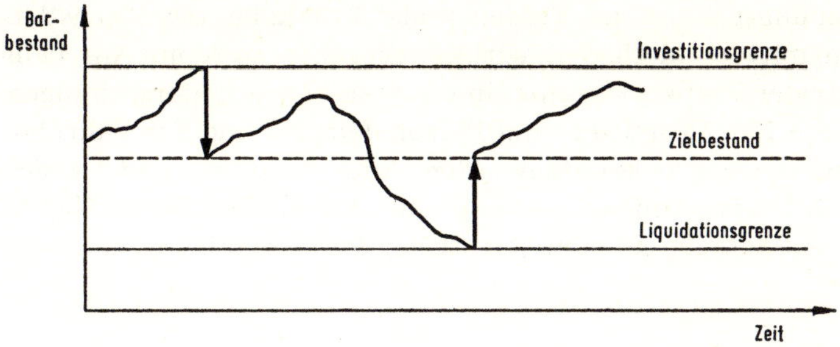

Abb. 18: Gelddisposition mit optimalen Kontrollgrenzen

lichen Kontrolle von Barbeständen modifiziert. Eine wichtige Rolle spielte hierbei die Festlegung des „Bestellpunktes", hier also des kritischen Barbestandes, der den Zeitpunkt der Beschaffung weiterer Mittel signalisiert (Liquidationsgrenze in Abbildung 18). Ein Test dieser Modelle versprach eine etwa 40%ige Reduktion der Barbestände bei gleicher Zahlungsbereitschaft.

9. Integrierte Unternehmensplanung und Langfristplanung

Die bisher geschilderten Anwendungen der Unternehmensforschung waren, der historischen Entwicklung entsprechend, vorwiegend auf die *funktionalen* betrieblichen Bereiche beschränkt. In logischer Fortführung dieser Entwicklungen ist in jüngster Zeit die Integration der Teilmodelle zu Modellen ganzer Unternehmungen ein Schwerpunkt des aktuellen Forschungsinteresses geworden. Diese „corporate models" sollen die Möglichkeit geben, Alternativen der langfristigen Unternehmensstrategie zu untersuchen, also insbesondere Alternativen der Diversifikations- und Sortimentspolitik, der Umstrukturierung der Absatzwege und Gestaltung des gesamten Vertriebsapparates, der Strukturierung des Produktionsbereiches durch Investitions-, Standort- und Organisationsentscheidungen und der langfristigen Finanzplanung. Stets muß von den relevanten Umweltprojektionen und ihren Unsicherheiten ausgegangen werden, wobei die langfristige Marktprognose eine zentrale Rolle spielt. Bei der Behandlung der Unsicherheit kommt etwaigen Abhängigkeiten bzw. Unabhängigkeiten zwischen verschiedenen Märkten besondere Bedeutung zu. Eine ausführlichere Darstellung der „corporate models" müssen wir uns versagen. Es möge der Hinweis genügen, daß es sich hier wohl um ein zukunftsträchtiges Gebiet der Unternehmensforschung handelt, welches dem Bedürfnis der Praxis nach fundierter Gesamtplanung entgegenkommt.

10. Dienstleistungssektor

Wir haben die Möglichkeiten der Unternehmensforschung am Beispiel der Industrie erläutert. Doch kommen alle anderen Wirtschaftszweige wie auch die verschiedensten Bereiche der öffentlichen Verwaltung ebenfalls als

Anwendungsgebiete in Frage. Viele Probleme des Dienstleistungssektors können mit OR-Methoden wirksamer gelöst werden. Auf dem öffentlichen und privaten *Transportsektor* sind in erster Linie Untersuchungen zum kostenoptimalen Betriebsmittel- und Personaleinsatz und zur Fahrplan- und Fahrtroutengestaltung bekanntgeworden. Auch im *Bank- und Versicherungswesen* spielt die Unternehmensforschung eine zunehmende Rolle: Kapitalbeschaffung und -verwendung können mit Hilfe von Modellen gewinnoptimal geplant werden.

IV. Das Personalproblem

Die vorstehenden Ausführungen haben gezeigt, daß in der Wirtschaft ein reiches Potential für fruchtbare Unternehmensforschung existiert. Wenn trotzdem gelegentlich entsprechende Versuche eine Firma enttäuscht haben, so ist der Grund nicht in der Unternehmensforschung und ihrem Entwicklungsstand, sondern in der Regel in personellen und organisatorischen Fehllösungen zu suchen.

Sieht man von Scharlatanen ab, die auf neuen Gebieten schnell ihr Unwesen treiben, so fällt die Auswahl wirklich qualifizierten Personals nicht leicht. Bisher gibt es keinen eindeutigen Ausbildungsgang für Unternehmensforscher. Im Interesse der Teamarbeit sollte es auch so bleiben. Eine Grundausbildung in Wirtschaftswissenschaften, Naturwissenschaften, Technik oder Mathematik und eine Ergänzungsausbildung in Unternehmensforschung haben sich in gleicher Weise bewährt. In jedem Falle ist sorgfältig zu prüfen, wie die etwaige ergänzende Ausbildung in Unternehmensforschung geartet ist. Viele unter der Bezeichnung „Unternehmensforschung" laufende Vorlesungen an deutschen Universitäten und leider auch die von der Praxis her veranstalteten Kurse haben es weithin lediglich mit der mathematischen Behandlung gedachter Modelle zu tun. Es handelt sich also letztlich nur um Mathematik. Eine solche Ausbildung geht am Kern der Unternehmensforschung vorbei. Ihr Absolvent ist für die Bearbeitung praktischer Probleme nicht genügend vorgebildet, und die Praxis kann allzuleicht für die Firma und für ihn selbst enttäuschend werden. Möglicherweise entdeckt er, daß sein wirkliches Interesse doch Mathematik und nicht Unternehmensforschung ist. Der Vorzug ist also einer solchen Ausbildung zu geben, in der der Nachdruck auf der *Schaffung von Modellen wirklicher Situationen* liegt, während ihre mathematisch-deduktive Behandlung als Hilfsmittel in den Hintergrund rückt. Möglichst sollen auch schon praktische Studien während der Ausbildung durchgeführt worden sein und einen integralen Bestandteil des Unterrichts bilden. Aus dieser Art der Ausbildung kann man *problemorientierte Mitarbeiter* erwarten.

Was hier von einer einseitigen mathematischen Ausbildung gesagt wurde, gilt entsprechend von anderen Disziplinen. Wer etwa seinen Schwerpunkt in der Datenverarbeitung hat, ist selten ein guter Unternehmensforscher und wird es auf die Dauer praktisch nicht sein können.

Ein amerikanischer Unternehmer gab über eine einseitig mathematisch geartete Fachzeitschrift auf dem Gebiet der Unternehmensforschung das harte Urteil ab: Ein Blick in diese Zeitschrift zeigt, daß ihre Leserschaft aus Technikern besteht, die weder Erfahrung noch Verständnis für die Probleme des

Managements haben. Vom Standpunkt des Managements aus sind eben alle Techniker, deren Stärke und Interesse bei den Hilfsmitteln und nicht bei den Managementproblemen selbst liegt.

Was zeichnet also den qualifizierten Unternehmensforscher aus? Weniger seine fachliche Grundausbildung, sehr viel mehr schon die Art seiner Ergänzungsausbildung in Unternehmensforschung und ganz entscheidend das zentrale Interesse an den Entscheidungsproblemen des Managements und ihrer wissenschaftlichen Vorbereitung. Er ist „problem-orientiert": Im Gegensatz zum „verfahrensorientierten" Mathematiker, Programmierer oder sonstigen Spezialisten ordnet er die Verfahren dem Endzweck unter. Er kann auf mathematische und verfahrenstechnische Komplexität und Eleganz verzichten, ohne dies als einen Verlust zu empfinden, wenn sie sich vom Problem her als ungerechtfertigt erweisen. Er muß imstande sein, die Probleme im großen Zusammenhang zu sehen.

Wo ist geeignetes Personal zu finden? Will man junge Kräfte unmittelbar aus der Hochschulausbildung einstellen, so kann man sich an Lehrstühle wenden, die die Ausbildung in Unternehmensforschung in dem beschriebenen Sinne betreiben. Erfahrene Kräfte können über die Fachzeitschriften, Fachorganisationen und Tagungen erreicht werden. Angesichts der Knappheit an erfahrenem Personal sollte man auch die Möglichkeit von Beratungsfirmen sowie die Beratung und Vertragsforschung durch Universitätsinstitute nicht außer acht lassen. Gerade von der letzten Möglichkeit, die einer Firma qualifiziertes Personal auf dem neuesten Stand bieten kann, wird in Deutschland noch viel zuwenig Gebrauch gemacht.

Die Hersteller von EDV-Anlagen bieten gelegentlich auch Hilfestellung auf dem Gebiet der Unternehmensforschung an. Diese kann sehr wertvoll sein, wenn es sich um die Einführung eines umfassenden Informationssystems handelt, das taktische OR-Modelle für Routineentscheidungen als integrale Bestandteile enthält. Die Einführung von Lagerhaltungsmodellen ist ein Prototyp dieses Falles. Für eigentliche OR-Studien dagegen ist von den Herstellern, die begreiflicherweise andere Interessen haben, eine Hilfestellung nicht zu erwarten; sie wäre auch nicht sinnvoll. Der wesentliche Beitrag der Hersteller liegt auf dem Gebiet der Hilfsmittel, insbesondere in gewissen Standardprogrammen für mathematische Optimierungsprobleme.

V. Organisatorische Fragen der Unternehmensforschung

1. Organisatorische Eingliederung

Obwohl Beratungsfirmen und praxisorientierte Universitätsinstitute wertvolle Beiträge und gute Starthilfe leisten können, sollte doch auf die Dauer eine Firma ihre eigene OR-Gruppe haben. Nur so entwickelt sich eine dringend notwendige Stetigkeit der Arbeit auf der Grundlage einer gründlichen Kenntnis der Firma, ihrer Probleme und organisatorischen und personellen Struktur. Wie schon betont, soll das nicht heißen, daß die interne Gruppe die Beratung ablösen sollte. Im Gegenteil bewahrt die Fortführung der Beratung vor Betriebsblindheit und kann die Wirksamkeit der internen Gruppe wesentlich steigern. Eine fortlaufende Kombination beider Arbeitsweisen dürfte in der Regel die optimale Lösung sein. Sie liefert ein Ganzes, das über die möglichen Einzelleistungen beider Teile weit hinausgeht.

Dies vorausgeschickt, stellt sich die Frage nach der organisatorischen Eingliederung der internen Gruppe. Aus dem Wesen der Unternehmensforschung als Entscheidungsvorbereitung folgt zunächst, daß eine OR-Gruppe in jedem Fall als Stabsfunktion zu organisieren ist. Sie muß daher einer geeigneten Linienfunktion unterstellt werden. An welcher Stelle diese organisatorische Verknüpfung zweckmäßigerweise erfolgt, hängt von der Art der zu bearbeitenden Entscheidungsprobleme ab. Je nach Problemstellung kann es also sinnvoll sein, die OR-Gruppe auf höchster, mittlerer oder relativ untergeordneter Ebene zu organisieren. Es gilt jedoch der wichtige Grundsatz, daß sie *mindestens* derjenigen Linienfunktion und Führungskraft unterstehen sollte, bei der die *Entscheidungsbefugnis* in den zu untersuchenden Entscheidungsproblemen liegt. Eine Diskrepanz zwischen Entscheidungsebene und Ebene der OR-Gruppe würde beispielsweise zur Folge haben, daß die OR-Gruppe bei der so wichtigen Datenbeschaffung gegenüber gleichgeordneten Abteilungen als Bittstellerin auftreten müßte. Sie wäre allen Schwierigkeiten, angefangen von Unwilligkeit und Verzögerungen bis zu schlechter Qualität der Datenbeschaffung oder gar Verfälschungen, ausgeliefert, von der organisatorischen Verwirklichung einer neuartigen Lösung ganz zu schweigen. Alle diese Schwierigkeiten entfallen, wenn der Entscheidungsbefugte, der ja in der Regel alle von der Entscheidung berührten Abteilungen unter sich hat, als Auftraggeber der OR-Gruppe fungiert: Es ist „seine" Stabsabteilung, die für ihn Entscheidungsvorbereitung macht, und seine Autorität überträgt sich auf alle für die OR-Studie erforderlichen Arbeitsbeziehungen.

Ebenso wichtig wie die Arbeitsbeziehungen zu anderen Stellen sind aber die Arbeitsbeziehungen zum Entscheidungsträger selbst. Ein enger Kontakt in beiden Richtungen ist notwendig. Auf keinen Fall sollte eine Studie in Auftrag gegeben und dann erst das fertige „Ergebnis“ dem Entscheidungsträger präsentiert werden. Ein ständiger Kontakt in beiden Richtungen ist erforderlich. Die OR-Gruppe sollte dem Entscheidungsträger über den Fortgang einer Studie regelmäßig berichten. Umgekehrt sollte der Entscheidungsträger diese Besprechungen nutzen, um den Gang der Studie in seinem Sinne zu korrigieren und zu beeinflussen, neue Fragen zu stellen und Anregungen zu geben. Dies alles ist von besonderer Wichtigkeit in der Phase der Problemformulierung, die ja weitgehend über den Erfolg der Studie schlechthin entscheidet. Typischerweise ändert sich die Fragestellung einer Untersuchung im Laufe der Zeit, und es schält sich erst allmählich der Kern des Problems heraus. Für diese Steuerungsfunktion hat sich in den USA besonders das sogenannte „steering committee“ bewährt, das außer dem Entscheidungsträger noch andere Führungskräfte und Sachverständige umfaßt, welche von der Entscheidung betroffen werden. Die OR-Gruppe hat dann regelmäßig an ihr steering committee zu berichten. Von ganz besonderer Bedeutung sind Autorität, Unterstützungs- und Steuerungsfunktion des Entscheidungsträgers, wenn es zur *Realisierung* der Ergebnisse einer Studie kommen soll.

2. Beteiligung der OR-Gruppe an der Realisierung

An dieser Stelle liegt nun ein entscheidender Grund dafür, daß manche OR-Studien nicht zur Erreichung der in Aussicht gestellten Resultate geführt haben. Wir haben zwar die Rolle der Unternehmensforschung als Entscheidungsvorbereitung definiert und betont, daß die endgültige Wahl einer bestimmten Entscheidungsalternative beim Entscheidungsträger verbleibt. Hat dieser seine Wahl getroffen, so kann er allerdings erwarten, daß die durch die OR-Studie prognostizierten Konsequenzen dieser speziellen Alternative innerhalb des zugehörigen Unsicherheitsbereichs verwirklicht werden. Dennoch ist dies nicht selbstverständlich. Man muß sich dazu vor Augen halten, daß der Begriff einer Entscheidungsalternative, wie er sich im Laufe einer OR-Studie herausschält, sehr komplex ist. Eine Handlungsalternative kann geradezu als ein kompliziertes System von genau aufeinander abgestimmten und ineinandergreifenden Abläufen und Verhaltensweisen aufgefaßt werden. Soll eine bestimmte, zunächst nur auf dem Papier definierte Handlungsalternative verwirklicht werden, so bedarf es der genauen Planung, Überwachung und Kontrolle jedes Schrittes. Wird dies unterlassen, so nimmt das Geschehen einen anderen Lauf, menschliche Gewohnheiten und Bequemlichkeiten machen sich geltend, Wege des geringsten Widerstandes werden gewählt, Regeln verletzt und so fort. Selbstverständlich bleiben dann die erwarteten Ergebnisse aus, aber nicht weil die OR-Studie die Konsequenzen der gewählten Alternative falsch prognostiziert hätte, sondern weil die gewählte Alternative gar nicht realisiert worden ist, sondern eine andere. Dieser Fall kann schon bei der Einführung einfacher Lagerhaltungsmodelle auftreten. Die OR-Gruppe stellt etwa eine Reduktion der Lagerbestände in Aussicht, wenn zukünftig die Bestellmengen und Bestellpunkte nach gewissen Formeln berechnet werden. Diese Formeln definieren eine ganz bestimmte Entscheidungsalternative. Eine Firma berichtet, daß die erwartete Lagerreduktion in einer solchen Situation tatsächlich eintrat, aber nach einiger Zeit wieder verschwand. Das lag daran, daß die mit der Durchführung beauftragten Arbeitskräfte allmählich wieder von den formelmäßigen Berechnungen abgingen und die Bestellmengen nach ihren althergebrachten, intuitiven Gewohnheiten bestimmten.

Es gibt also zwei Bedingungen, deren Verletzung fast mit Sicherheit zum Mißerfolg der Unternehmensforschung führt.

Zunächst ist die OR-Gruppe unbedingt an der *Durchsetzung* der gewählten Alternative zu beteiligen. Vielfach hat sie den genauen Begriff der gewählten Alternative im Laufe der Studie selbst entwickelt und ist daher prädestiniert, bei ihrer erfolgreichen Verwirklichung eine entscheidende Rolle zu spielen. Zwar sind Wissenschaftler geneigt, sich auf die Unterstützung der Entscheidungsfindung zu beschränken und ihre Rolle als beendet anzusehen, wenn die Entscheidung gefallen ist. Das ist verständlich, weil die praktische Durchführung sehr viel unangenehmer und wissenschaftlich uninteressanter sein kann als die eigentliche Studie. Aber aus den dargelegten Gründen läuft die OR-Gruppe dann Gefahr, daß ihr Beitrag mit einem schriftlichen Bericht auf dem Regal endet. Da solche Ergebnisse auf die Dauer für den Entscheidungsträger uninterssant sind, gefährdet sie auch ihre eigene Existenz. Es ist also ein sicherer Weg zum Mißerfolg, wenn eine OR-Gruppe von einer Studie mit den Worten Abschied nimmt: „We gave it to the manager."

Aber die Beteiligung der OR-Gruppe genügt nicht allein. Die gesamte *Autorität* des Entscheidungsträgers muß hinter der Verwirklichung stehen. Er muß sie unter Einschaltung der OR-Gruppe nach bewährten organisatorischen Grundsätzen planen und durchführen. Alle erforderlichen Stellen müssen zur gewissenhaften Mitarbeit verpflichtet werden. Etwaige personelle Widerstände müssen, wenn es nicht durch Überzeugung möglich ist, durch Autorität überwunden werden. In manchen Fällen ist die Mitarbeit der Datenverarbeitung unerläßlich, da ohne sie gewisse OR-Anwendungen — besonders auf taktischer Ebene — praktisch unmöglich sind. Auch hier ist die Autorität des Entscheidungsträgers von besonderer Wichtigkeit.

3. Selbständigkeit der OR-Gruppe

Eine weitere organisatorische Voraussetzung zum Erfolg ist die *Eigenständigkeit* der OR-Gruppe. Wenn eine Firma neu beginnt, so ist die Versuchung groß, die OR-Gruppe irgendeiner bestehenden Abteilung anzugliedern, etwa der Datenverarbeitung, der Organisationsabteilung, der Fertigungssteuerung oder dem „Industrial Engineering". Diese und ähnliche Lösungen führen fast mit Sicherheit zu einer Totgeburt. Das ergibt sich zwanglos aus den Ausführungen über das Personalproblem. Wie ein Mitarbeiter, dessen Schwerpunkte auf anderen Gebieten liegen, auf die Dauer kein guter Unternehmensforscher sein kann, so kann auch die Unternehmensforschung auf die Dauer nicht in einer Abteilung gedeihen, deren Schwerpunkte auf anderen Gebieten liegen. Solche Lösungen widersprechen auch dem umfassenden Systemstandpunkt der Unternehmensforschung, der im ersten Abschnitt ausführlich erörtert wurde. Ganz besonders verfehlt aber wäre es, die Unternehmensforschung ihren eigenen Hilfsmitteln, wie der Datenverarbeitung, zu unterstellen. Wir haben ja bereits eingangs betont, daß auch niemand daran denken würde, den Produktionsleiter oder Forschungsleiter der Datenverarbeitung zu unterstellen nur deswegen, weil diese Gebiete intensive Benutzer der Datenverarbeitung sind und ohne sie nicht mehr existieren können. Dasselbe trifft auf die Unternehmensforschung zu. Ihre organisatorische Eigenständigkeit ist wesentlich. Eine Firma berichtet, daß sie die betriebswirtschaftliche Abteilung einschließlich Unternehmensforschung und die Datenverarbeitung mit bestem Erfolg völlig getrennt habe. Insbesondere wird die Unterstellung der Unternehmensforschung unter einen etwaigen *Informationsdirektor* vom Verfasser mit Entschiedenheit abgelehnt. Diese Fragen bedürfen insbesondere in Deutschland der sorgfältigen Prüfung, da die unsachgemäße Verquickung von Unternehmensforschung und *Datenverarbeitung* hierzulande besonderen Schaden gestiftet haben dürfte.

Abschließend sei betont, daß der Einsatz einer OR-Gruppe um so lohnender ist, je umfassender und wichtiger die in Auftrag gegebenen Entscheidungsprobleme sind. Damit geht Hand in Hand das Erfordernis einer entsprechend hohen organisatorischen Eingliederung. Dies ist in den USA das Üblichere. Die Position eines „Director of Operations Research" ist geläufig. Er untersteht etwa dem Präsidenten oder einem Vizepräsidenten der Firma. Die OR-Gruppe befindet sich in der Zentrale, wobei es möglicherweise weitere Gruppen auf niedrigeren Ebenen, z. B. in den „Divisions", geben kann. Auch die Angliederung beim *„Controller"* hat sich bewährt. Die letztere Möglichkeit verdient auch in Deutschland besondere Beachtung, sofern der Controller bereits eingeführt ist. Er hat Zugang zu vielen wichtigen Daten im gesamten Unternehmensbereich und verfügt darüber hinaus im Gegensatz zum konventionellen Chef des Rechnungswesens als unternehmerische Persönlichkeit über mehr Autorität und Einfluß. Vergleicht man die amerikanischen organisatorischen Lösungen mit unserer Situation, so hat man den Eindruck, daß die Unternehmensforschung in Deutschland eher ein Anhängsel der Fertigungssteuerung auf niedrigster Ebene ist. Nicht nur ist sie damit auf einen einzigen funktionalen Bereich — Produktion — beschränkt, sondern innerhalb desselben noch auf eine niedrige Ebene. Ihr Potential wird von vornherein empfindlich eingeschränkt. Es ist daher eine bedeutungsvolle Zukunftsfrage, ob die Unternehmensleitungen gewillt sein werden, ihre gewichtigen und einschneidenden unternehmerischen Entscheidungen der wissenschaftlichen Untersuchung und Vorbereitung zugänglich zu machen.

Da ein OR-Projekt typischerweise einige gut bezahlte wissenschaftliche Kräfte für mehrere Monate, unter Umständen über ein Jahr, beschäftigt und außerdem Unterstützungsfunktionen wie Datenverarbeitung notwendig sind, wird häufig gefragt, ob sich auch mittlere und kleine Unternehmungen der Unternehmensforschung in fruchtbarer Weise bedienen können. Die Frage ist sicherlich zu bejahen, wenn auch die Beratung von außerhalb in diesen Fällen der normale Weg sein dürfte. Aber auch ein einziger Mann kann in einer kleineren Firma schon sehr viel leisten.

Ausgewählte Literatur

1. Unternehmensforschung im allgemeinen

Ackoff, R. L., und Rivett, B. H. P., A Manager's Guide to Operational Research. New York, Wiley, 1963. Übersetzung: Industrielle Unternehmensforschung. Ein Leitfaden für Führungskräfte. München, Oldenbourg, 1966

Ackoff, R. L., und Sasieni, M., Fundamentals of Operations Research. New York, Wiley, 1968. Übersetzung: Operations Research. Grundzüge der Operationsforschung. Stuttgart, Kunst und Wissen, Akademie-Verlag, 1970

Beer, S., Management Science. The Business Use of Operations Research. London, Aldus Books, 1967

Churchman, C. W., Ackoff, R. L., und Arnoff, E. L., Operations Research. Eine Einführung in die Unternehmensforschung. München, Oldenbourg, 1963

Hitch, C. J., und McKean, R. N., The Economics of Defense in the Nuclear Age. Cambridge, Harvard University Press, 1961

Walsh, J. E., International Operations Research Activities. In: Operations Research 16 (1968), S. 709—716

2. Produktion

Buffa, E. S., Production-Inventory Systems. Planning and Control. Homewood/Ill., Irwin, 1968

Bussmann, K., und Mertens, P. (Hrsg.), Operations Research und Datenverarbeitung bei der Produktionsplanung. Stuttgart, Poeschel, 1968

Magee, J. F., Production Planning and Inventory Control. New York, McGraw-Hill, 1958

3. Lagerhaltung, Einkauf

Brown, R. G., Statistical Forecasting for Inventory Control. New York, McGraw-Hill, 1959

Hanssmann, F., Operations Research in Production and Inventory Control. New York, Wiley, 1962

Starr, M. K., und Miller, D. W., Inventory Control — Theory and Practice. Englewood Cliffs, N.J., Prentice Hall, 1962

4. Distribution

Eddison, R. T., Warehousing, Distribution, and Finished Goods Management. In: Hertz, D. B., und Eddison, R. T., Progress in Operations Research, Vol. II. New York, Wiley, 1964

Magee, J. F., Industrial Logistics. Analysis and Management of Physical Supply and Distribution Systems. New York, McGraw-Hill, 1968

Shykon, H. N., und Maffei, R. B., Simulation-Tool for Better Distribution. In: Harvard Business Review 38, 6 (1960), S. 65—75

5. Absatz

Bass, F. M., Buzzel, R. D., und Green, M. R., Mathematical Models and Methods in Marketing. Homewood, Ill., Irwin, 1961

Bass, F. M., Kind, C. W., und Pessemier, E. A. (Hrsg.), Applications of the Sciences in Marketing Management. New York, Wiley, 1968

Buzzel, R. D., Mathematical Models in Marketing Management. Boston, Harvard University, Graduate School of Business Administration, Division of Research, 1964, 2. Abdruck 1965

Rao, A. G., Quantitative Theories in Advertising. New York, Wiley, 1970

6. Forschung und Entwicklung

Brandenberger, J., und Konrad, R., Netzplantechnik. Zürich, Daenzer, 1965

Dean, B. V. (Hrsg.), Operations Research in Research and Development. New York, Wiley, 1963

7. Investition

Albach, H., Investition und Liquidität. Wiesbaden, Gabler, 1962

Albach, H., Wirtschaftlichkeitsrechnung. Köln—Opladen, Westdeutscher Verlag, 1959

Hanssmann, F., Operations Research Techniques for Capital Investment. New York, Wiley, 1968

Hertz, D. B., Risk Analysis in Capital Investment. In: Harvard Business Review 42, 1 (1964)

Massé, P., Investitionskriterien. Probleme der Investitionsplanung (aus dem Französischen). München, Moderne Industrie, 1968

8. Finanzierung

Beranek, W., Analysis for Financial Decisions. Homewood, Ill., Irwin, 1963

Calman, R. F., Linear Programming and Cash Management/Cash Alpha. M.I.T.-Press, 1968

Robicheck, A. A. (Hrsg.), Financial Research and Management Decision. New York, Wiley, 1967

Robicheck, A. A., und Meyers, S. C., Optimal Financing Decisions. Englewood Cliffs, N.J., Prentice-Hall, 1965

9. Langfristplanung

Ackoff, R. L., A Concept of Corporate Planning. New York, Wiley-Interscience, 1970

10. Mathematische Hilfsmittel

Müller-Merbach, H., Operations Research. Methoden und Modelle der Optimalplanung. Berlin—Frankfurt, F. Vahlen, 1969

Sasieni, M., Yaspan, A., und Friedman, L., Methoden und Probleme der Unternehmensforschung (Operations Research). Würzburg, Physica, 1967

Stichwortverzeichnis

USW-Schriften für Führungskräfte

Bisher sind erschienen:

Band 1: Management und Computer

Band 2: Professor Dr. Horst Albach:
Beiträge zur Unternehmensplanung

Band 3: Management-Ausbildung in Deutschland — 1. Zehnwochen-Seminar für Führungskräfte am Universitätsseminar der Wirtschaft

Band 4: Die Herausforderung des Managements im internationalen Vergleich

Band 5: Professor Dr. Friedrich Hanssmann:
Unternehmensforschung. Hilfsmittel moderner Unternehmensführung